你和我一辈子

从今世到永远

[美]陈恩藩\陈丽莎（Francis & Lisa Chan）著　谭臻 译

黑龙江教育出版社

黑版贸审字：08-2017-043 号

图书在版编目（CIP）数据

你和我一辈子 /（美）陈恩藩（Francis Chan），
（美）陈丽莎（Lisa Chan）著；谭臻译 . —— 哈尔滨：
黑龙江教育出版社，2017.3

ISBN 978-7-5316-9181-5

Ⅰ.①你… Ⅱ.①陈… ②陈… ③谭… Ⅲ.①婚姻 –
通俗读物 Ⅳ.① C913.13-49

中国版本图书馆 CIP 数据核字（2017）第 076947 号

Originally published in the U.S.A. under the title "**You and Me Forever**"
Copyright ©2014 by Francis & Lisa Chan
Published by Clair Love Publishing 4100 3rd Street, San Francisco, CA, 94124

你和我一辈子

陈恩藩　陈丽莎（Francis & Lisa Chan）著　　谭臻 译

责任编辑　高　璐
特约编辑　金宗墨
封面设计　高　蕾
出版发行　黑龙江教育出版社
　　　　　　（哈尔滨市南岗区花园街 158 号）
印　　刷　环球东方（北京）印务有限公司
开　　本　880mm × 1230mm　1/32
印　　张　6.25
字　　数　114 千
版　　次　2017 年 7 月第 1 版
印　　次　2017 年 7 月第 1 次印刷

书　　号　ISBN 978-7-5316-9181-5
定　　价　36.00 元

黑龙江教育出版社网址：www.hljep.com.cn
如需订购图书，请与我社发行中心联系。联系电话：010-84833209
如有印刷质量问题，影响阅读，请与印刷厂联系调换。联系电话：010-57391388
如发现盗版图书，请向我社举报。举报电话：0451-82533087

献给
蕾切尔、默茜、伊莱娜、以西结、克莱尔
你们是我们梦寐以求的好孩子
感恩我们能永远在一起

目　录

引言：永远幸福的秘密

我成长在一个传统的中国家庭里。虽然家住在美国，但是只要在家里，父亲从不许我们说英语。他希望我们继承自己的文化传统。一直到今天，我都对此心怀感激。中国文化里有许多与圣经的教导非常相似的地方。事实上，我相信正是由于自己所受到的教育，使我能更快地掌握到一些圣经原则。比如权柄、信誉和品行这些概念，在我家里被提及的次数远多于在我朋友们的家里。

我妻子成长在一个比较美国式的家庭里。有很多次，我发现，由于她所受到的教育，她对一些圣经原则比我理解得更透彻。多年以来，我们学会了欣赏彼此的不同和优点。更重要的是，我们学会了谦卑下来，在圣经的光照下审视自己的传统，将其中的好东西存留下来。我们因此得到了一个满是平安、喜乐并令人兴奋的人生。

我爱陈丽莎（Lisa Chan），再没有哪个人让我爱得这么深切了。我们当初疯狂地坠入爱河，并于 1994 年结为夫妇。如今二十年过去了，我们有了五个孩子，而我们的爱仍然在不断增长。日复一日，丽莎一直忠实地陪在我的身边——爱我、鼓励我、挑战我。她是我最好的朋友，陪我一起走过了无比精彩的岁月。而且我深信，那最美好的尚未到来。

就在此刻，我正在努力为我的家做好将来的准备。大多数人说这话，是指要做好在地上最后几年的财务上的准备；而我这么说，指的却是那之后的千百万年。有人指责我，为永生的头一个一千万年做准备，是准备得太过头了；我却认为，为地上的最后十年而忧虑，是忧虑得太过头了。

我曾经想象过将来有一天丽莎跟上帝面对面时的情形，圣经明确说过这件事一定会发生。有一天，我的妻子将会站在造物主和万有的审判者面前。那将是何等令人惊惧的时刻！我无法想象我们当中有谁已经为那一天的震惊做好了准备，而圣经恳切地要求我们用一生的时间，为那一刻做好准备。

我不是说我们要努力赢得上帝的接纳，那我就成了异端了。我们只要相信耶稣在十字架上所成就的，就可以进入上帝的同在（约 3:16；弗 2:1-9；林后 5:21）。是耶稣所做的——而不是我们所做的——决定了我们永远的命运。圣经说得再清楚不过了，好行为不能为我们赢得天国的一席之地；成就这事的，是对耶稣活泼且有功效的信心。基督的跟随者可以坦然仰望末日——甚至是盼望（彼后 3:11-12），但圣经也有许多关于为那一天做准备的教导，要我们"做成我们得救的工夫"（腓 2:12-13）。

因为我深爱着丽莎，所以我想让她拥有美好的一生；不仅如此，我更想让她拥有美好的永生。我希望她在回顾自己的一生时没有遗憾，希望她很有把握，深知在地上度过的这段时间已经为天国做好了准备。更重要的是，我希望她听到上帝说："好！你这又良善又忠心的仆人，你在不多的事上有忠心，我要把许多事派你管理；可以进来享受你主人的快乐。"（太 25:23）

想想所有那些你想在这一生得到的奖项、晋升、表彰、成就，发挥你的想象力尽情去想。然后，请你回答这个问题：有什么比在永生一开始就听到耶稣对你说上述那些话语更好的吗？

奇怪的是，当丽莎和我心里装着永生来生活的时候，我们很享受此时此刻地上的生活！许多人会告诉你要专注于婚姻、专注于彼此；但是我们发现，专注于神的使命让我们的婚姻更精彩，也使我们深刻地经历了耶稣——还有什么比这更好的吗？

永恒的心态使我们避免了愚蠢的口角。没时间去争吵了，我们还有比自己的利益更好的东西要去追求呢；风险也太高了，神造我们是有目的的，我们可不能把生命和婚姻浪费在仅仅追求自己的幸福上面，我们浪费不起。

在牧养一群会众的十六年里[①]，我们有幸看到了许多夫妇对耶稣委身，做出大胆的决定。看到他们抓住了异象，收获了祝福，真叫人欣慰。我们跟这些敬虔的夫妇一起享受耶稣，留下了很多美好的回忆。

同时，我也看到有些夫妇只顾追求眼前的幸福，却忽视了在地上的使命，令我们感到忧伤。我们辅导过不少沮丧的人，因为他们想按照圣经的教导生活，可是配偶却不愿意。多少次，我们为那些失却了上帝对婚姻的祝福和违背上帝旨意的人寝食难安。正是这样的忧伤，还有其他一些原因，促使丽莎和我写了这本书。

我们为那些受伤的夫妇难过，真的，我们的心都要碎了。但更叫我们心碎的是这件事对天国的影响。我们难过，因为敬虔的婚姻大大显示了上帝创造的精妙，但是能够彰显这样荣耀的婚姻少而又少；我们难过，因为撒但得逞了，它正津津有味地看着那些自称是"基督徒"的夫妇们过着懒散而自私的生活。如今，有太多夫妇选择离婚——而不是顺服上帝——这实在令人痛惜。可悲的婚姻状况让"基

---

① 陈恩藩于 1994 年在美国加州的西米谷市创立了房角石社区教会（Cornerstone Community Church），牧会共达十六年，会众增至四千人。2010 年他蒙召要去开拓新的事工，便离开了亲手创建的教会。——编注

督的新妇"看上去蓬头垢面、魅力尽失。我们写这本书，就是希望这种情况能有所改变。

同时，我们碰到很多害怕结婚的单身一族，他们看到那些曾经为主火热的朋友结婚之后，要么是终日忙于享受家庭欢乐，要么是陷入无休止的争吵和无休止的婚姻辅导。我们写这本书就是要告诉大家：情况不必如此，两个人在一起比分开更有效。在真正健康的关系中，我们可以使彼此取得独自一个人无法做到的更大的成就——神的计划本来如此。

非常感谢神，允许我们两个人一起写这本书；能在一起诉说上帝的作为，实在是我们的荣幸。神创造婚姻真是个绝妙的主意，我们为此献上祈祷：愿我们能带领大家领略几分婚姻之美。

不过，我们要告诫大家：以基督为中心且心系永生的婚姻并不等同于"欢乐"的婚姻。丽莎和我有欢乐开怀的时候，也有做出痛苦决定的时候。我们知道那些决定是正确的。基督应许要赐给我们丰盛的生命（约10:10），但丰盛并不总是欢乐的同义词。我们在这本书里分享的一些真理将领你走进痛苦，但是为了上帝的荣耀所做的艰难抉择，带来的是良善和正义之痛。这样的苦痛是信徒在堕落的世界里必然要忍受的，它能使我们更刚强、更圣洁，也更爱上帝和彼此。为上帝所经受的任何苦难都是对我们不断的提醒：在未来，所有这些苦痛都会换作那荣耀的冠冕。

教导夫妇如何相处、如何享受幸福婚姻的书籍有很多，这本书不是其中之一。我并不是批评那些书不好，实际上，这些年我们也从中学到一些有用的原则；那些书的问题在于，它会让你觉得拥有一个幸福的家庭就是基督信仰的目标，让一些首要的事情——比如上帝的荣耀和他的使命——听上去变成次要的了，让你拿永远的福分去换取眼前的幸福。说得更直接点儿，那些书并没有考虑这样一个事实：你可以在地上拥有幸福的婚姻，可是接下来的永生却过得很可怜。但是这本书要告诉你的，是如何彼此相爱直到永远。

我爱我的妻子，爱婚姻，爱"**爱**"，所有这些都是耶稣精妙的创造。我猜想你读这本书，要么是因为你恋爱了，要么是你想恋爱。我祈祷，愿你允许圣灵引导你，进入永恒的爱里面，这样的爱要彰显耶稣，从今直到永远。

天父啊，求你帮助我们满有智慧地去爱。

希望这不仅仅是一本书

丽莎和我希望这本书能成为你的一个资源，切实改变你的婚姻生活，甚至是你的永生的生活。我们都读过一些好书，让我们的见闻得到增长，但是却不能带来生命的改变。特别是现在，人们比以往任何时候都更容易接触到信息。很多人让信息源源不断地流入大脑，却没有花时间去思考，也没有加以应用。因此，我们增加了一些环节，让大家能够**阅读**、**思考**和**行动**。我们希望你能经历上帝，而不仅仅是了解他。

你会注意到，这本书大部分是以我（陈恩藩）的口吻写成的，但其中许多想法是我们两人一起提出来的，而且每章都有一个部分是丽莎自己写的。除了文字，我们还制作了影片。既然丽莎和我都觉得说话比写字更舒服，所以我们制作了既有趣又有创意的影片，来表达一些文字不好表达的东西。希望影片能增强学习效果，也可以让你看看我们的家。如果你是使用带视频的电子书，影片已经植入在里面了；如果你阅读的是纸质的书籍，你可以到网上去观看影片，网址是：www.youandmeforever.org。

最重要的……

你在阅读过程中会发现：这本书的每章结尾都有一个"行动建议"。这非常重要，如果你不能学以致用，那么，这本书就对你损多益少。

> 我若没有来教训他们，他们就没有罪；但如今他们的罪无可推诿了。（约 15:22）

如今美国的基督徒在理论上都是专家，却不擅长行动。但是，历史上最早期的基督徒在行动上十分迅速。记得关于五旬节的那段记载吧（徒 2 章），众人听了彼得的讲道，马上就问："我们当怎样行？"对此，彼得回答说："你们各人要悔改，奉耶稣基督的名受洗。"众人的反应如何呢？他们当中有三千人径直去受洗了。这样的反应是恰当的。当我们被真理光照时，应该问："我应该怎么做来回应这个真理呢？"

我们在书中提出一些行动要点作为建议，但是我们不能假装确切地知道上帝要你做出怎样的回应。如果你想确切知道自己该怎么做，我们能给出的最好的回答就是：神肯定有事要你做！虽然我们不可能知道你的下一步该怎么走，但是我们可以向你保证，这个"下一步"是一定存在的。而最糟糕的，就是你什么也不做。

> 只是你们要行道，不要单单听道，自己欺哄自己。（雅 1:22）

我最近读了一篇文章，研究的是世界上最肥胖的人。这些人体重高达一千多磅（超过了九百斤），是要吃不要命的人。这种状况发展到了一定时候，他们会丧失行走能力，最后就只能卧在床上，连吃饭都要靠别人去喂，因为连这个他们也做不到了。

这让我想起在教会里碰到的许多人，他们每周被灌入越来越多的知识：他们参加教会崇拜，参加圣经学习小组，阅读信仰书籍，听讲道录音，而且常常认为自己还需要更多的知识。事实上，他们最大的需要是做事情。他们需要的不是再吃一顿关于圣经教义的大餐，而是去运动，消化掉已经吃下的东西。有些人太习惯于只听道而不行道，甚至让人怀疑他们是否具备行道的能力。这些人在属灵上是卧床不起的病人，勉强用余生去学习上帝的话语而已。他们从来不去让人作耶稣的门徒，从来不去实实在在地关爱别人。

有的时候，人们裹足不前，是因为害怕失败；由于太害怕犯错了，就什么也不做。我们需要去行动，从错误中吸取教训。因为我们倾向于将"不作为"设为默认设置，所以，很多人什么事也不做，除非听到天上有声音明确告诉他们该做什么。为什么不把默认设置改为"行动"呢，除非听到天上有声音告诉你要等候？比如说，为什么不假定你应该帮助无家可归的孩子，除非你听到有声音告诉你不要那么做？那样不是更符合圣经的教导吗？因为上帝告诉我们，真正的虔诚是"看顾患难中的孤儿寡妇"（雅1:27）。

我们不愿意去行动，害怕出差错，一个原因就是如果我们失败了，会受到严厉的批评。对于结果欠佳的行动，人们的指点真可谓迅速，但是人们却很少注意到"疏忽行动之罪"。如果有人给饥饿的儿童吃了太多糖，我们会批评那个人，却丝毫不去责备众多坐视不理的人。

那个把主人的钱藏起来、而不是像其他仆人那样拿去投资的仆人，确实让自己免受了投资失败的尴尬，但是他的懦夫行为却使他遭到了最严厉的责备——主人骂他又恶又懒，是个无用的东西（太 25:24-30）。你不想成为那个因为害怕把事情搞砸就什么也不做的仆人吧？如果你去行动，当然有可能犯错；但是你什么也不做，却百分之百是个错误。

丽莎和我曾经因为行事过于仓促而犯错。就像有一次，我们遇到一个无家可归的女人，她带着三个孩子，又有了身孕，我们赶紧邀请她和孩子们来家里一起住。她的孩子很不听话，把我们自己的孩子惹哭，把家里弄得乱七八糟，而且似乎根本没有从我们身上学到任何东西。后来我们才发现，这个女人之所以无家可归，完全是因为她拒绝跟丈夫在一起；而她丈夫爱她，希望跟她在一起。

那或许是个错误，可我们并不后悔去尝试了。我们这一生取得过很多成功，也有不少失败。对我们来说，这比"安安稳稳"的什么都不做要好得多。我相信，我们因为在该行动时却没有行动而犯的错误，是在行动中所犯错误的十倍。所以，今天就去**做些什么**吧，既然人总会犯错，不如在行动中犯错吧。

第一章　婚姻也没有那么伟大

从上帝的荣耀看婚姻

此刻，就在你阅读这本书的时候，有一位正看着你。想想这件事吧。赐给你生命的那位上帝可以看到你的每一个举动，听到你的每一句言语，晓得你的每一个意念。这是件好事，上帝能够看见你、关注你、**认识你**。

我知道这应该是一本讲论婚姻的书籍，但是让我们暂且把人放在一边，聚焦一下那更伟大的存在——上帝，也聚焦一下那更重要的事情——你跟上帝的关系。这个关系比婚姻重要得多，会陪伴你直到永远。

这话也许听上去让人震惊，但是耶稣教导我们：地上的婚姻不会被带进天国。在《马太福音》22 章里，有人假想了一个屡次结婚又屡次丧偶的寡妇，用来向耶稣提问。当时的宗教领袖问耶稣，那个寡妇将来在天国里要跟哪个丈夫结婚，耶稣回答说：

> ……当复活的时候，人也不娶，也不嫁，
> 乃像天上的使者一样。（太 22:30）

也许，耶稣的话让你很难接受（希望你不是窃喜）。对我来说，我很难想象丽莎和我到了那一天就不再是夫妇时的样子，但是有两个想法让我感到安慰。第一，这并不表示丽莎和我在天国里就不再深爱着对方。我猜想，当我们有了无罪的、荣耀的身体，我会跟丽莎更亲近。有更好的关系，必定意味着现有的关系状态会改变。第二，我将会与上帝联合，那必定是比我在地上所经历的任何关系都更美好。我相信能够创造幸福婚姻的那位上帝，他给婚姻所应许的未来一定更美好。

我们都应该摆正自己与造物主之间永恒的关系，这个关系应该位于诸事之首。而且只有你摆正了跟上帝的关系，才能对别人有所帮助。自己都活不好的人如果跟别人生活在一起，只会使情况变得更糟。

如果两个人都跟上帝和睦，那么他们彼此也会和睦。做了二十多年的牧师，我得出这样一个结论：大多数婚姻问题实际上不是婚姻本身的问题，而是与上帝关系的问题。它们都是因为一方或双方跟上帝的关系不好，或者是因为

对上帝的认识不正确。准确无误地认识上帝，对于维护婚姻健康至关重要——实际上，对所有事情都至关重要。正如陶恕（A. W. Tozer）所说："就算天上地下的所有问题一齐向我们扑面袭来，都无法跟下面这个压倒一切的问题相比：上帝是谁，上帝是什么样的，人作为有道德心的生灵应该跟上帝有怎样的关系？"[1]

你现在很清楚了，这一章讲论的是上帝而非婚姻，这也许让你忍不住想跳到后文去看那些"好东西"——毕竟你感觉自己跟上帝的关系还不错，现在需要的只是改善婚姻状况而已。但是千万别犯傻，不要自以为跟上帝的关系没什么问题，在这件事上可容不得半点骄傲自满。

几乎我遇见的每一个人都相信自己将来会进天国。每次去参加葬礼，都会听到悼词宣称死者现在"在一个更好的地方"。但如果这是真的，为什么耶稣要谈论窄门和小路？

> 你们要进窄门。因为引到灭亡，那门是宽的，路是大的，进去的人也多；引到永生，那门是窄的，路是小的，找着的人也少。（太 7:13-14）

---

[1] 引自陶恕（A. W. Tozer）的《智慧的开端》（*The Knowledge of the Holy*）。——编注

耶稣说得很明白：不是每个人都会进入永生，找着的人很少。

所以，让我们先别急着探讨不健康的婚姻症状，先关注一下更重要的事。这必须成为婚姻的核心，因为它可以让婚姻美妙无比，也可以使其成为桎梏。就让我们从圣经告诉我们应该开始的地方开始吧：

敬畏耶和华是智慧的开端。（诗 111:10）

敬畏耶和华是知识的开端。（箴 1:7）

敬畏耶和华的，得着生命。（箴 19:23）

敬畏上帝，关注上帝

我猜你可能没有想到会在婚姻类书籍里看见这四个字吧，但这恰恰是构建婚姻的基础中的基础。如果没有对上帝的一种健康的敬畏，我们就不能充分享受生命和爱，不把敬畏上帝放在我们生活的首位，是一种彻底的本末倒置；而如果我们敬畏上帝，美好的生活和婚姻将可以在这个基础上建立起来。

> 耶和华喜爱敬畏他的人。（诗 147:11）

> 那杀身体不能杀灵魂的，不要怕他们；惟有能把身体和灵魂都灭在地狱里的，正要怕他。（太 10:28）

我跟丽莎第一次见面时，都不敢向她介绍自己。二十年过去后情况有了很大改变，现在我跟她在一起非常舒服，比跟地上的任何人在一起都舒服。整日陪在一个人身边可以改变一切。关系可以改变一切。

圣经在《启示录》4 章里描述了一些大天使，他们在上帝面前，"昼夜不住地说：'圣哉！圣哉！圣哉！主神是昔在、今在、以后永在的全能者！'"他们终日所做的就是看着上帝，宣扬上帝是多么圣洁。他们此时此刻就在这么做，当你放下这本书的时候，他们在这么做；你今晚上床休息的时候，他们在这么做；你明天早晨醒来的时候，他们依然在这么做。既然他们认为，时时刻刻都与上帝同在、不停地赞美上帝是一件值得做的事，那么你每天花上一点时间来做同样的事，不是很合乎情理吗？你今天这样做了吗？上帝希望我们一生常常敬拜他、感谢他（弗 5:18-20）。如果我们不关注上帝，就会关注一些次要的东西——说白了，就是我们自己。

这是很多夫妇都会犯的错误，他们花很多时间看自己、看对方，却花很少的时间去关注上帝。当自我成了关注的焦点时，他们就会很自然地开始围绕着在地上的短短几十年的时间——而不是跟上帝同在（或离开上帝）的亿万年——来规划生活的方方面面。这些人活得好像自己不会死，好像上帝不会再来。

大卫王只有一个请求：

> 有一件事，我曾求耶和华，我仍要寻求：
> 就是一生一世住在耶和华的殿中，
> 瞻仰他的荣美，在他的殿里求问。（诗 27:4）

就是这么简单，这就是大卫向上帝所求的全部。他知道，他所有问题的答案都在于此。

想象一下，在上帝的宝座旁边站上一会儿。与上帝同在的那一刹那，所有一切都变得微不足道了。那些让我们心烦意乱、无法释怀的问题忽然显得非常愚蠢。所以大卫告诉上帝，每天能看见上帝、瞻仰上帝的荣美，就是他想要的全部。

假如我能读到你上个月的祷告词，会看到你一再向上帝求告的"那件事"是什么呢？请实事求是地回答这个问题。祷告很能反映我们的光景。我们的请求表明我们重视什么，祷告的语气揭示了我们对上帝的态度。

因为神在天上，你在地下，所以你的言语要寡少。（传 5:2）

你不必出去寻找上帝，他此刻就跟你在一起。现在就花些时间跟上帝在一起，关注他、赞美他。这对你来说也许是全新的体验，静静地跟上帝待在一起，什么也不求。阅读一下《启示录》4 章和 5 章里对上帝的描述，想象着他的荣美，在祷告中进入他的同在。不要说太多话，也不要求太多事，就这样思想着上帝，告诉他你有多么敬畏他。闭上眼睛，现在就这么做吧。

如果你这么做了，我想你应该明白，定睛看上帝比什么都重要。如果每一位已婚人士都能定期这么做，很多问题就自然会消失了。还是那句话：婚姻的问题实际上不是婚姻的问题，是心的问题，是与上帝关系的问题。由于我们跟上帝不够亲密，导致内心生出一个空洞，就想方设法用一些残缺的替代品去填补，比如财富、享乐、声名、尊敬、人、婚姻。

很少有人会否认，摧毁婚姻的是自私。有时候，我们太过于重视自己的追求，而忽视了上帝和其他人的愿望。

但是极力忽视自己，并不能医治我们自恋的毛病，只有凝望上帝才是解决之道。当我们真心凝望上帝的时候，其他的一切都会褪色，回归其本来的位置。

思想上帝不仅可以使我们跟上帝更亲密，还能重新唤起我们对上帝的敬畏。有的时候，夫妇之间缺少亲密的感觉。在这时候，保护我们婚姻的，正是那份健康的对上帝的敬畏。

保护婚姻

如今人心不古，犯罪变得更容易，也更为人所接受了。我想到两个具体的问题：色情和调情——两样都是婚姻的死敌。我小的时候，如果一个家伙去商店里买一本《花花公子》杂志，那么店里的人都会以为他是个性变态。如今，人们可以用手机没完没了地观看淫秽的东西，不受丝毫打扰。而且，许多人甚至不认为那是变态行为，而是稀松平常的事情！

我小的时候，一个女人要是和男人当面在公共场合里调情，她就要遭受被众人的鄙视，被骂作"淫荡"、"风骚"。如今，有了短信和脸书（Facebook）这些东西，男人和女人可以悄悄地调情。而且，由此导致的外遇和离婚，已经变得更为人所接受了，甚至在教会里也是如此。

但是有些东西永远不会改变：这些事仍然被上帝所看

见、所痛恨，一向如此。就算大多数人支持你，上帝却不会。诸如"我丈夫不理睬我"或者"我妻子没有满足我的需要"之类的借口，上帝不会听。那些告诉你"这没什么"的声音仍然来自撒但——即使这些声音出自你的朋友、辅导员或者牧师之口。

根治罪的办法还是一样：敬畏上帝。仅有对家庭的爱，并不足以保护家庭免受你自己的邪恶的侵害；只有你心里深深知道，圣洁的上帝在注视着你，才能使你在最强烈的引诱试探中躲过邪恶。

> 不要自欺，神是轻慢不得的。人种的是什么，收的也是什么。顺着情欲撒种的，必从情欲收败坏；顺着圣灵撒种的，必从圣灵收永生。（加 6:7-8）

> 这样看来，我亲爱的弟兄，你们既是常顺服的，不但我在你们那里，就是如今我不在你们那里，更是顺服的，就当恐惧战兢，做成你们得救的工夫。（腓 2:12）

记住，有个敌人千方百计要毁掉你的婚姻。我们并不是与属血气的争战（弗 6:12），所以，我们无法通过更多的约会之夜、更多的假期、更多的辅导来保卫婚姻。这些东西并不是不好，但是我们必须确保还有更多的手段。真诚而专注的祈祷对婚姻的益处远远超过任何人为的策略，"义人祈祷所发的力量是大有功效的"（雅 5:16）。

另一个绝不能忽视的力量源泉就是圣经。对那些自小去教会的人来说，这话已经听过太多遍了，但是我希望你不要充耳不闻。圣经里面的话语，不只是好的教导，而且还带着能力；它也不只是大有能力，它是永远活着的话语。说出这些话的，就是那位曾经用话语创造了宇宙的上帝。

> 神的道是活泼的，是有功效的，比一切两刃的剑更快，甚至魂与灵、骨节与骨髓，都能刺入、剖开，连心中的思念和主意都能辨明。
>
> （来 4:12）

圣经里的话语具有无与伦比的力量，能刺入你的内心，越过自欺、伪善和虚假，暴露你的灵魂。你读圣经的时候，它会将你剖开，在你的心灵和头脑中做上帝的工作。其实我们整天都能听到骄傲之人的强辩，需要相互提醒上帝的话语，以洁净我们的心思。

怀着敬畏的心细细品读下面的经文，出声朗读给自己或配偶听：

你到神的殿要谨慎脚步，因为近前听，胜过愚昧人献祭，他们本不知道所做的是恶。你在神面前不可冒失开口，也不可心急发言，因为神在天上，你在地下，所以你的言语要寡少。事务多，就令人做梦；言语多，就显出愚昧。你向神许愿，偿还不可延迟，因他不喜悦愚昧人，所以你许的愿应当偿还。你许愿不还，不如不许。不可任你的口使肉体犯罪，也不可在祭司面前说是错许了。为何使神因你的声音发怒，败坏你手所做的呢？多梦和多言，其中多有虚幻，你只要敬畏神。（传 5:1-7）

但主的日子要像贼来到一样。那日，天必大有响声废去，有形质的都要被烈火销化，地和其上的物都要烧尽了。这一切既然都要如此销化，你们为人该当怎样圣洁、怎样敬虔，切切仰望神的日子来到。在那日，天被火烧就销化了，有形质的都要被烈火熔化。（彼后 3:10-12）

像这样的经文无须多解释，我们读得越多，生命就越强壮；相互说得越多，婚姻就越稳固。夫妻双方要相互提醒神是圣洁的，耶稣随时都会再来。这能保护你的婚姻。

我们都有向自己心里去寻求真理的倾向，出于骄傲，我们愿意相信自己能够通过思考解决问题。但是圣经坚称我们最好的意念也无法跟上帝的相比，所以在婚姻问题上——或者其他任何问题上——我们永远都不应该依靠自己的智慧。听上帝的话语就是最好的选择。神说：

> 我的意念非同你们的意念，
>
> 我的道路非同你们的道路。
>
> 天怎样高过地，
>
> 照样我的道路高过你们的道路，
>
> 我的意念高过你们的意念。（赛 55:8-9）

如果这话是真的，那我们就不应该再浪费时间在自己心里找答案，而应该花时间去研读上帝的话语。

敬拜上帝，而不是婚姻

我电脑的屏保设置是一张全家人沿着海滩跑步的照片，几分钟不使用电脑，这张照片就会跳出来。我看着这张照片，常常涌起一股想要敬拜神的感动。上帝怎么能想得出这样的主意呢？创造人类、设计婚姻，这需要怎样的想象力和大能呢，简直是不可思议。创造家庭真是个绝妙的主意，我们走过这一生，不是一个人，而是几个人一起，相互关爱、相互支持；遇着难处，共同分担，有了快乐，一起分享；一起祈祷、一起赞美、一起流泪受苦、一起享受快乐——还有谁能想出这么美好的事呢？

但是我们必须得小心，享受上帝的创造固然没错，但是对于家庭的热爱很快会盖过其他的一切。

当耶稣被问起最大的诫命是什么时，他说："你要尽心、尽性、尽意，爱主你的神。这是诫命中的第一，且是最大的。"（太 22:37-38）耶稣甚至说得很极端："爱儿女过于爱我的，不配作我的门徒。"（太 10:37）耶稣说得很明白，他要成为我们心目中的第一位。

事实上，耶稣还说："人到我这里来，若不爱我胜过爱自己的父母、妻子、儿女、弟兄、姐妹和自己的性命，就不能作我的门徒。"（路 14:26）。这并不是说我们应该爱耶稣稍微多过爱家人；我们对耶稣的爱应该属于另一个范畴。耶稣远远高过我们，所以我们爱他应该远远胜过爱一切。我们对上帝的爱应该大大超越对配偶的爱，两者根本无法相比。我们对爱的优先次序列出来通常会像左边的那样，但实际上，右边那一列才符合圣经的要求。

1. 上帝	1. 上帝
2. 家庭	
3. 朋友	
4. 工作	
5. 财产	2. 家庭、朋友、工作、财产

太多人都满足于左边这一列的排序，但是它并非来自于圣经。实际上，它与圣经的教导相悖，上帝要求我们圣洁，意思就是"分别出来"。如果我们以应有的方式去爱上帝，就没有所谓的"最接近的第二个"了。

上面谈到的大部分内容都可以在你关注上帝的时候显明真义。审视一下自己的内心，你的第一位的爱是什么呢？你为了什么祷告呢？你所思所想的是什么呢？

我们是上帝造的，造我们也是为了他的荣耀。

因为万有都是靠他造的，无论是天上的、地上的、能看见的、不能看见的，或是有位的、

主治的、执政的、掌权的，一概都是藉着他造的，又是为他造的。（西 1:16）

所以，你们或吃或喝，无论作什么，都要为荣耀神而行。（林前 10:31）

风险太高了（丽莎著）

在《腓立比书》第 3 章里，保罗谈到了因信基督而来的义，他说："这不是说我已经得着了，已经完全了，我乃是竭力追求，或者可以得着基督耶稣所以得着我的。"（腓 3:12）现在的问题是：很多人忘记了在得救的那一瞬间之后，还有一个一生的成圣的过程（成为圣洁的过程）。你在真正相信的那一刻，就得到了义的地位；但是你的义——有基督的样子——将会在你一生追求上帝的过程中不断增长，所以保罗渴望抓住基督所赐予的一切。

我们在生命的各个领域里都不能停止这个追求，"有基督的样子"在婚姻中也许尤为重要，因为婚姻是展示福音和上帝荣耀的强有力的方式。若要看我们是否如自己所说的那般地相信，婚姻就是人们首先察看的地方。有人演说起来激情四射，有人对于有需要的人特别慷慨，也有人谈起圣经如数家珍，但是如果他们的婚姻状况非常糟糕，就会引起人们的质疑。他怎么能那样对待妻子呢？她为什么那么不尊重丈夫呢？他们很明显并不相信自己所宣扬的东西。很多人的婚姻都在给福音抹黑，这实在应该引起我们重视。

你能想象，如果基督徒的离婚率低到近乎为零是个什么样子吗？我们以这样的方式大声告诉世界：我们是不同的。那将是一件多么美妙的事情啊！我们有基督的心，有圣灵的能力，我们愿意舍己，去爱、去原谅，即使境况艰难也在所不惜。这会引起人们的注目，这才是上帝希望我们作为他子民应有的状态。

> 凡所行的，都不要发怨言、起争论，使你们无可指摘，诚实无伪，在这弯曲悖谬的世代，作神无瑕疵的儿女。你们显在这世代中，好像明光照耀……（腓 2:14-15）

你的婚姻在这个世代中闪耀吗？婚姻关系是用来反映上帝的荣耀的，我们或者像上帝的儿女那样闪耀，或者与这个弯曲悖谬的世界同流合污。从某种意义上讲，如果我们的婚姻关系不好，其他方面做得再好也无所谓了。

你这么一想，就会发现婚姻其实是件大事，上帝借着婚姻关系在我们的头脑和心灵里面做了很多工作。婚姻是你所走过的最使人谦卑和成圣的一段路程，它迫使我们向自己的自私和骄傲开火，同时也给了我们一个展示爱与承诺的平台。

最近我听到有人说："我们是上帝的计划，要让世界相信他是良善的、慈爱的、信实的。"上帝总是选择借着人来显明自己，就像他使用以色列这个国家，来向世界显明唯一的真神是谁。他呼召我们在这个世界里做他的代表，我们的生命应该让人相信有一位上帝。人们看到我们怎样爱我们的配偶，应该相信基督的爱又可信又真实。当你知道你的婚姻吸引人跟基督建立了关系，那不是一件很美妙的事吗？

当你爱你的配偶时，人们需要在你身上看见上帝。这个世界是如此需要在我们的婚姻里面看到基督和教会的确切的样子，因为这事关上帝的荣耀！我们所选择的生活和婚姻的样式，其代价究竟是什么？我们需要在这个问题的认识上来一个根本的转向。

　　我曾经读到我们亲爱的朋友琼妮[①]写的一段精彩的话，适用于我们生活中（或痛苦或欢乐）的各种境况。琼妮超越了个人纠结，就是常年来困扰她的四肢瘫痪和慢性疼痛。她写道：

　　　　"我意识到代价要大得多，远不只是我需要靠轮椅生活，远不只是我需要面对瘫痪的生活；这代价大过了天地和宇宙——我转眼看上帝，是他的荣耀在付出代价。这意味着，我能否找回身体的健康并不重要，重要的是我能否满足于活在他里面；我是否满意他给我设计的人生，也不再是问题的关键；关键是发现上帝本身才是一切满足的至极而彻底的源头。就是这个，能带给他最大的荣耀，不是我过得有多么幸福快乐。"

---

① 琼妮·厄尔克森·多田（Joni Eareckson Tada），当代美国著名的基督徒作家、画家、社会活动家和电台主持人。17 岁时意外摔伤了脊椎，导致脖子以下全部瘫痪。但她依靠信仰的力量战胜了自身的痛苦，并创立了一间国际性的残疾人服务机构"琼妮之友"（Joni And Friends）。该机构服务于全世界的残疾人，并免费捐赠特别订制的轮椅。她曾到我国黑龙江、内蒙古、新疆、江苏、辽宁等地进行捐献。她的著作包括《上帝在哪里》《风闻有你》《泪水与祝福》和《治愈之地》。——编注

说得多么精辟啊，无论你的婚姻状况是否令人满意，真正的问题是你跟上帝在一起有多满足；不管你的婚姻是充满喜乐还是痛苦不堪，受到威胁的是上帝的荣耀。你愿意把注意力转移到上帝那里吗？对我来说，这个概念很好地总结了我们写这本书的理由。

有很多很多的基督徒被自己的个人满足牵绊住了，完全没想过如何用自己的生活方式表明他们在上帝里面深深的满足。我们不是应该为了上帝的荣耀而放弃在婚姻里面幸福的感觉吗？这样的意愿跑到哪里去了？不，我们只是在攫取自己的权利，却忘记了还有更伟大、更重要的事情。

> 你们的光也当这样照在人前，叫他们看见
> 你们的好行为，便将荣耀归给你们在天上的父。
> （太 5:16）

一切事物始终都关乎上帝的荣耀，我们的生活和婚姻可以让人们赞美上帝！尤其是现在，在这样一个自私和骄傲盛行的时代。

> 从前你们是暗昧的，但如今在主里面是光
> 明的，行事为人就当像光明的子女。（弗 5:8）

小结

虽然圣经可以帮助我们理解婚姻是什么，以及它是如何起作用的，但圣经并不是一本关于婚姻的书籍，而是一部关于上帝的书籍。圣经启示了上帝的品格，描述了他过去的作为，并告诉我们他将来的计划，以此来教导关于我们的创造者的事情。

在圣经的每一个故事里，上帝都处于重要位置，他是生命的创造者、审判者和拯救者。所以，虽然圣经确实谈到了婚姻，我们还是要小心，不要仅仅把圣经当成提供婚姻小贴士的书籍；圣经所展现的是一幅巨幅画卷，远比婚姻要大得多。

去亲近上帝，让你的婚姻满有他的祝福。跟上帝和好了，你的婚姻就会显出它应有的样子。夫妻双方和好了，就会有平安。去彰显上帝吧——在你们的生命里彰显上帝配得的圣洁和尊贵。

行动建议

你要对这一章提出的真理做出回应，这很重要。下面列出了我们的一些建议，旨在帮助你去行动。如果这些建议能帮助你敬畏上帝、在你的生活和婚姻里高举上帝，那就照着去做！如果你有更好的或更具体的方法能帮助你采取行动，那就照你的做。重要的是，你要动起来。

制定"关系时间表"

★ 开始，先描述一下你们双方初次见面时的样子。

★ 再描述一下你们现在的样子。从你们认识到现在，你们的关系是进步了还是退步了？具体情况如何？

★ 然后展望今后十年。十年后，你所期望的完美婚姻是什么样？

★ 现在，考虑一下第一点（你们开始时的关系）和第二点（你们现在的关系），你需要采取什么措施以达到第三点（你所期望的十年后的样子）呢？你需要做出哪些牺牲？需要培养什么习惯爱好？你需要改掉什么毛病？这一路上，你们彼此怎样互相帮助？

审视自己对上帝的敬畏

★ 描述一下你们两个人此时此刻对上帝的敬畏情况，包括你们做得好的方面，还有你们对上帝不够敬畏的方面。

★ 互相帮助完成这个描述，交换清单并给彼此提出意见，以确保你们的描述是准确的。

★ 制定策略，看看怎样能帮助彼此培养对上帝的敬畏。你们可以一起读读哪些经文来加强这个效果？你们可以怎样为彼此代祷？有哪些证据可以表明，你们对上帝的敬畏确实有了进步？

第二章　完美婚姻何处寻?

从福音的真光看婚姻

前不久，我在跟一位朋友吃午饭时，听他谈起了父母。他父亲今年九十五岁，母亲九十六岁，他们上小学六年级的时候相爱，现在已经结婚七十五年了。八十三年来他们一直是最好的朋友！接着，他又告诉我，妈妈现在有点糊涂了，爸爸在妈妈身边一坐就是几个小时，用手轻轻抚摸着妈妈的手臂。想一下吧，这是多么动人的画面。

我想知道，他坐在她身边都想些什么呢？当他伸手触摸到那条陪伴了他八十三年的手臂时，会想些什么？有什么样的感觉呢？跟另一个人一起走过了八十三年，会留下多少回忆呢？我想象着那些尘封的往事，就像在翻看一本相册，我想象着两个人一页页地翻着，回想着当年在操场上的欢笑、相爱、结婚、生子、有了孙子；或许也会有争吵和不幸、失丧和心碎吧，这些一定能加深彼此的感情。我想象着他们翻到最后几页，最后合上相册，封底是两人一起并肩走完地上这段旅程的情景，这一页有一天最终会加上去的。

如今，人们对待婚姻好像儿戏，能够在这对夫妇身上看到委身、长寿以及上帝赐给婚姻的一些美好的东西，真让人欣慰。虽然我们没有见过他们，但是知道世上有这样的模范夫妇，实在让人高兴。这给了我们新的目标，让我对我们的未来更加期待了。有时候，丽莎抱怨自己老了，指着脸上的皱纹让我看。现在，我要告诉她我是多么喜欢那些皱纹，因为这说明我们就要一起变老了——我们的梦想就要实现了。我真希望能跟丽莎也相守八十三年，不过我想那不太可能了——那样的话，我得活到一百零八岁才行。

这对老夫妇的故事让人感动，因为上帝造我们就是为了要彼此相处，上帝说："那人独居不好。"（创 2:18）任何经历过孤独苦痛的人都知道那种滋味是多么难受，所以，我们这一生的很多乐趣都是在健康的关系中获得的。婚姻固然美妙，但它只是一种更伟大的关系的缩影。

神奇的婚姻

在《以弗所书》第 5 章里保罗说婚姻是一个"奥秘"，

但他接下来解释说，这个奥秘指的不是男女的婚姻，而是基督和教会的联合。人能与上帝联合，这真是个奇迹！

> 为这个缘故，人要离开父母，与妻子连合，二人成为一体。这是极大的奥秘，但我是指着基督和教会说的。（弗 5:31-32）

上帝在寻找人类！这在整本圣经里都有记载。我们看到上帝在园子里跟亚当夏娃一起行走，听到上帝在山顶对摩西说话，看到他神秘地出现在会幕和圣殿里。在新约里，我们读到了耶稣的降生——以马内利，意思就是"上帝与人同在"———我们看到他行走在他悖逆的子民中。后来，他差派圣灵就居住在他的子民里面，包括个人以及教会整体。最后，圣经描述了未来的景象：耶稣跟他的子民结合，跟他们永远住在一起。

圣经启示了一件最不可思议的事情：人跟上帝的联合。

> 惟有基督在我们还作罪人的时候为我们死，神的爱就在此向我们显明了……因为我们作仇敌的时候，且藉着神儿子的死，得与神和好；既已和好，就更要因他的生得救了。（罗 5:8-10）

最让人震惊的是，上帝不只是允许我们认识他，还做出很大牺牲使其成为现实！上帝不只是在桌上留了一份邀请函那么简单，他是为此付上了最昂贵的代价。

再没有比这更伟大的爱情故事了，宇宙的审判者追求那些背叛了他的人。人类不遵从上帝的规矩，随从自己的私欲，并因此使自己变成上帝的敌人；但上帝是如此爱他的"敌人"，甚至差派他的儿子来为他们的罪付上代价。当耶稣被挂在十字架上的时候，上帝的怒气平息了。凭着耶稣的死，信徒的罪得以赦免，与那位他们曾经拒绝了的上帝和好。这使得上帝既是公平的，又是赦罪的；既是公义的，又是公义的赐予者（参罗 3:21-26）。上帝是公义的，因为他对我们的罪的审判得到了执行；我们能够称义，因为上帝毫无瑕疵的儿子代替我们受了刑罚。

我在写这些文字的时候，感觉很羞愧，我想用纸上干巴巴的文字来描述如此圣洁的东西；而我的文字是如此的苍白平淡。我想停下来，盯着你的脸，大声呼喊：耶稣死了！他为了你能跟上帝和好，选择了最残酷的死亡！一切都改变了！你我曾经注定要和上帝有一场恐怖的会面——我们"本为可怒之子"（弗 2:3）——但一切都改变了！死亡不能再恫吓我了！我巴不得死去！谢谢你，耶稣！

你是如此美丽

我在上帝面前不仅不再肮脏，他替我们所做的不是使我们在属灵上变为中立，而是使我们成为公义的、迷人的；那些紧紧抓住耶稣的人在他眼里是这样的美丽。

> 我因耶和华大大欢喜，
>
> 我的心靠神快乐。
>
> 因他以拯救为衣给我穿上，
>
> 以公义为袍给我披上。
>
> 好像新郎戴上华冠，
>
> 又像新妇佩戴妆饰。（赛 61:10）

他让我们变得这么美丽，甚至拿我们跟待嫁的新娘相比！我有幸主持过许多婚礼，新郎第一眼看见新娘的时候总会怦然心动。当新娘披着婚纱走进来的时候，我经常能听到"哇"的声音。新郎知道新娘在那一刻会很漂亮，但是在结婚当天，新郎看见新娘如此美丽，惊喜之情还是会溢于言表。

好好想想这话：上帝用这样的画面来描述我们对他多么有吸引力。他让我们变得如此美丽！真难想象，宇宙的创造者竟然会带着那样的喜爱之情看着我们。有些人知道他不恨我们就已经高兴得不得了了！所以，要相信我们让他如此着迷的确不是件容易的事。

要记住这不是因为我们做了什么，是耶稣拿走了我们所有的丑陋。跟一般的新娘不同的是，我们在走进结婚礼堂之前，都是衣衫褴褛、丑陋不堪，没有丝毫准备；但是当我们满怀信心地仰望我们的新郎的时候，他就让我们变得美丽了，就在那一刻，我们就变成他心爱的新娘了。

> 神使那无罪的，替我们成为罪，好叫我们
> 在他里面成为神的义。（林后 5:21）

我们现在是基督的新娘了，但圣经也说我们是在满怀希望的等候"羔羊的婚宴"。想想我们的婚宴要花多少时间、金钱、精力，而这是圣经十分强调的一场婚宴。所以，我们所思所想的应该都是这场婚宴的事。我们是新娘——我们已经跟上帝和好，现在正享受着跟他的美好关系——但是，那一场婚宴还没有到来。

新约里表述经常在是什么（"已然"）和将是什么（"未然"）之间。耶稣现在是王，但是他完全的统治要等到将来。耶稣给了撒但致命一击，但是要等到第二次回来的时候，他才会彻底除掉撒但。我们现在是基督的新娘，但是完全的结合还要等到耶稣再来才能完成：

　　我听见好像群众的声音，众水的声音，大雷的声音，说："哈利路亚！因为主我们的神，全能者作王了。我们要欢喜快乐，将荣耀归给他！因为羔羊婚娶的时候到了，新妇也自己预备好了，就蒙恩得穿光明洁白的细麻衣。"这细麻衣就是圣徒所行的义。天使吩咐我说："你要写上：'凡被请赴羔羊婚筵的有福了！'"又对我说："这是神真实的话。"（启 19:6-9）

　　这是所有相信耶稣的人的命运，婚宴之后上帝将要跟我们同住，那将是我们所有人都没有过的经历。在我们永远的未来里，不再有死亡、疼痛、疾病、哭号（启 21:1-4）。我们在地上的时间是短暂而多苦的，我们在新天新地里的时间是永恒而荣耀的。

　　如果这是你第一次明白上帝为你做了什么，那么请把你的注意力放在这一点上面。只有你安稳在上帝里面，改善婚姻对你才有意义。找一个安静的地方，跟你的创造者谈谈心。向他承认你的罪，请求他的赦免，感谢他为你舍命。告诉他，你想让他的灵住在你里面。离弃你从前的生活方式，跟随他，在永恒的光里面活。

我们若认自己的罪，神是信实的，是公义的，必要赦免我们的罪，洗净我们一切的不义。

（约壹 1:9）

如果你知道这个真理已经有很多年了，不要让这个好消息变成了老消息。就在此刻，你与上帝的联合也应该让你兴奋不已，胜过这世上的其他一切。

绝不会失败

假如有一场百米赛跑，选手是我爸和我。比赛刚开始一秒钟，就已经很明显，我肯定会赢。主要原因就是：我爸已经去世多年了。我知道这个比喻有点儿瘆人，但是请继续听我说。

我想说的是，活着给了我们巨大的优势。圣经说我们死在自己的罪里，就像世上的其他人一样（弗 2:1-3）。这里所描述的景象就是几个活人走在一群死尸中，就好像一部神学的僵尸电影。我们和世界相比就应该是这个样子！有太多基督徒觉得只要自己比周围的人稍微讲点道德就很满足了；但是真正的基督徒跟非基督徒之间的差别不是道义上的细微区别——而是活人跟死人的分别！

现在请先放下这本书，来读一读《以西结书》37 章 1-14 节。相信我，你不会后悔的。在这段经文中，先知以西结站在山谷当中，他环顾四周，看到山谷里遍满了人的骨头，骨头已经干枯变脆。这时，上帝命令以西结说：

> "你向这些骸骨发预言说：'枯干的骸骨啊，要听耶和华的话！主耶和华对这些骸骨如此说：我必使气息进入你们里面，你们就要活了。我必给你们加上筋，使你们长肉，又将皮遮蔽你们，使气息进入你们里面，你们就要活了。你们便知道我是耶和华。'"（结 37:4-6）

就在以西结对身边那些枯干的骸骨说这些话时，他听到响声，大地也在震动，接着，他看到骨与骨互相联络，骸骨上有筋，又有皮覆盖在那些曾经腐烂的尸体上。接着，上帝将生命吹进这些尸体中，他们"便活了，并且站起来，成为极大的军队"（结 37:10）。

这就是在基督里活过来的人，同那些没有在他里面活过来的人之间的分别。一个是复活的生灵，另一个是一堆干枯的骸骨。

在前一章里，上帝通过以西结应许说，他要临到他的子民，把他们的石心换成肉心，并将他自己的灵放在他们里面（结 36:25-27）。

这把我们带到了《使徒行传》的前几个章节，那里记述了耶稣的门徒神奇地被圣灵充满，接受了强大的能力。当天，一些围观的人看到了这个即刻发生的转变，彼得接着告诉他们，同样的事也会发生在他们身上。

> 彼得说："你们各人要悔改，奉耶稣基督的名受洗，叫你们的罪得赦，就必领受所赐的圣灵；因为这应许是给你们和你们的儿女，并一切在远方的人，就是主我们神所召来的。"（徒2:38-39）

那天那里有三千人。但是请注意这句话："这应许是给你们和你们的儿女，并一切在远方的人。"从《使徒行传》2章的记载中我们看到，那天门徒所经历的——就是以西结在异象中所见到的：从前是死的，现在活过来，成为强大的军队。这份经历也赐给了那些见证了圣灵的能力的人，而且，他们的儿女还有远方的人都可以得到。上帝现在仍然在呼召人们到他那里去，两千年前门徒借着圣灵所经历的大能，你和我也一样可以拥有。

现在的问题是：他在你里面吗？你已经选择了"悔改、受洗"，并"领受所赐的圣灵"了吗？记住这就是生与死、骸骨与活人的分别。

或许，上帝正在使用你的婚姻呼召你到他那里。你可能只是在找一些关于婚姻的建议，但是上帝却有一个更大的计划。如果你相信耶稣为你所做的，但是还没有做出回应，找一个教导圣经的教会，有人会给你施洗，帮助你明白基督的教导。

当丽莎和我为了写这本书进行讨论的时候，我们都认为，对于那些还没有领受圣灵的人来说，给他们描述一个健康婚姻的画面是没有意义的。圣灵不只是增加你成功的几率。要记住：这是生与死的分别。没有上帝的灵，无论你对婚姻的看法有多么健康，也无论你多么渴望得到它，都将变得无关紧要。一个死的配偶不可能变出一个活的婚姻。

说得简单些：圣灵把我们从一个混乱不堪的局面中，领到了一个不可能会失败的境地。请思想下面的经句，有些人认为它们是圣经里最重要的经文：

> 因为随从肉体的人，体贴肉体的事；随从圣灵的人，体贴圣灵的事。体贴肉体的就是死；体贴圣灵的乃是生命平安。原来体贴肉体的，就是与神为仇，因为不服神的律法，也是不能服。而且属肉体的人不能得神的喜欢。
>
> 如果神的灵住在你们心里，你们就不属肉体，乃属圣灵了；人若没有基督的灵，就不是

属基督的。基督若在你们心里，身体就因罪而死，心灵却因义而活。然而叫耶稣从死里复活者的灵，若住在你们心里，那叫基督耶稣从死里复活的，也必藉着住在你们心里的圣灵，使你们必死的身体又活过来。（罗 8:5-11）

这段经文让我想起了佳得乐（Gatorade，一种全球领先的运动型饮料——译注）的一个广告。广告展现了运动员在完成高难动作的同时，佳得乐从他们的毛孔里随汗液流出，这时，一个声音问道："它在你里面吗?"我喜欢用这样的视觉效果，来描绘一种从里面给我们加力的东西，让人感到它的存在是那么的实实在在，无可辩驳。当然，佳得乐并不真的那么有效，而且我也不需要佳得乐让我在篮球场上大显神威，但是那个画面让我想起了圣经里对圣灵的描述。

上帝应许我们，在相信之人的里面，会发生一个内在的变化——成为新造的人（林后 5:17），而且这个内在的变化会产生外在的行动。圣灵在里面给我们大大加力，他的同在明明可见，叫人无可辩驳（参加 5:22-24）。如果行为没有从你的生命里表现出来，你必须问自己：他在你里面吗?

好树会结好果子（太 7:16-20）。心里所充满的，口里就出来（路 6:45）。正是因为我们里面有圣灵的同在，才使得我们憎恶邪恶，喜爱公义（罗 8:9-17）。

这个内在的变化一旦发生，就好像你没法不让自己去行动，基督徒的生活就应当像这样才对，有些东西在你里面涌动，然后喷薄而出。我对他的爱不是想象出来的；我爱他。我不需要说服自己去服侍他；我必须去服侍他。就好像我无法控制自己，只能去爱人，只能为贫穷者做出牺牲。在我里面有这样的渴望，想要去做这些事情，那些行动是从我的每个细胞里流出来的。我痛恨情欲，痛恨骄傲，痛恨"痛恨"，我都不需要刻意努力，我就是这个样子。我不再把他的规矩视为负担，甚至为此而感谢上帝。我变成了义的奴仆，而且我就爱这样！

> 感谢神！因为你们从前虽然作罪的奴仆，
> 现今却从心里顺服了所传给你们道理的模范。
> 你们既从罪里得了释放，就作了义的奴仆。
> （罗 6:17-18）

今天，有些信徒希望能活在旧约时代，好在圣殿里经历上帝的大能；也有些信徒希望能活在耶稣早期事工的时代，好能跟耶稣讲话，看到他所行的神迹。但是耶稣说我们现在所拥有的要比那两个时代的都好。

> 然而我将真情告诉你们，我去是与你们有益的。我若不去，保惠师就不到你们这里来；我若去，就差他来。（约 16:7）

如果你希望能跟耶稣同行，或者在圣殿里经历上帝的大能，那么你对圣灵的理解和经历恐怕出了些问题。

我们正活在人类历史上一个了不起的时期，住在信徒里面的上帝的灵，绝不是对圣殿或耶稣的一种廉价替代品。如果要比较的话，圣经说我们所拥有的是比之前的信徒更好的东西。上帝不只是跟我们在一起，他就在我们里面！这就是为什么当人们听到基督徒宣称拥有这样的能力，但是他们的婚姻却显得那么软弱、毫无爱可言的时候，会难以置信地摇头。

如果上帝的灵真在我们里面，那么他的大能就会彰显在我们的婚姻当中。我已经看够了那些表明基督徒的婚姻和非基督徒的婚姻没有差别的统计数据，解决办法不是再努力些，也不是什么正确的策略；而是圣灵的大能从我们心里涌流出来，流进我们的婚姻，流进我们生活的每一个方面。

我们在他故事里的角色

你是否曾想过，你会在上帝的故事里扮演一个角色。我可以再进一步地问：这让你感到吃惊吗？上帝创造了这个世界，可是人类却背叛了上帝，所以上帝差派先知警告他的子民，差派祭司为他的子民代求，差派君王来带领他的子民，却只有很少的人回转归向上帝。最终，上帝差派他的儿子来引导他的子民。但即使来的是神的儿子，听从他的人也很少。接下来，耶稣舍命，为人类的罪付上代价，又从坟墓里走出，升到天上，跟天父一起作王。耶稣离开后，就差派圣灵来住在信徒里面，给他们力量，让他们能够继续耶稣在地上的使命。

到那日，救主和审判者要回来施行拯救和审判，终结人类的历史。在那之前，你出生了，蒙上帝呼召，以你的生活方式来展示他的灵的大能。你的使命就是这样，直到他召你回天家，或是他来终结人类的历史。之后，你要因为向世界真切地传达了他的爱而得到奖赏——奖赏你的正是那位创造你的父、为你舍命的子、赐你力量的圣灵。所有这些最后将在羔羊的婚宴中达到高潮。到那时，你将会跟世世代代的每一位信徒一起做新娘，嫁给这位唯一的真君王，跟他永远住在一起并施行统治。

这就是我们蒙召参与的故事。我们每一个人都扮演着一个微小却重要的角色。在上帝伟大的计划中，我们的婚姻也扮演着一个重要的角色。我们蒙召来绘制醉人的婚姻画卷，好叫人向往将来跟耶稣的婚宴。上帝呼召我们通过婚姻去展现耶稣的爱与谦卑。这些我们在以后的章节中还会详细探讨。现在我们要考虑的是：你现在的婚姻在上帝永恒的计划里扮演着一个角色。

我们作为基督徒，所肩负的一部分职责就是向人讲述上帝的故事，我们每个人都应该定期告诉别人基督是谁，他做过什么事。这很有必要，我们永远不能以耶稣为耻（太 10:32-33）；但是，传讲福音是一回事，**活出福音**却是另一回事。

事实上，活出福音正是教会的意义所在——教会的存在就是为了展示上帝的属性。我们可以谈论基督的饶恕，但是在教会，我们需要把基督的饶恕向人展示出来。耶稣为门徒洗脚，然后转过来告诉他们也要这么做（约 13:14-15）。我们应当效法耶稣的作为，好叫这个世界能看见他。

想一想，"彼此"这个词在新约里提及五十九次。五十九次啊，我们如果不转向教会里的另一个成员，向他展示上帝的品格，就无法遵从新约作者给我们的命令。你跟自己谈不上"彼此"，你只在心里想也谈不上"彼此"。这些"彼此"的命令，就是要求我们去向别人展示福音。

耶稣在地上的时候，向这个世界显明了上帝。如今，他建立了教会，把他的使命交给了我们，并借着圣灵把能力赐给了我们。我们的工作，就是要通过彼此的相处向这个世界显明上帝。事实上，耶稣说信徒合而为一，就是在向这个世界证实他是上帝所差派的。这不是我夸大其词，请参看《约翰福音》17章20至23节。

向世界展示上帝，是教会的目的，同时也是婚姻的目的。人们看到我怎样服侍妻子，应该能从中看到基督谦卑的影子。人们看到丽莎高兴地跟随我的带领，应当能更深刻地理解教会出于尊敬和信任而跟随基督到底是什么意思。上帝创造的婚姻就是一幅画卷，用来向世界展示基督。

我说这么多的意思就是，你的婚姻关乎更大的事情，而不仅仅是你的婚姻——它关乎的是福音的美善。

婚姻与软弱（丽莎著）

我想变得像基督那样，这句话我总是说得过于随便。我的脑子里马上会想到他的爱、仁慈、医治、教导——所有那些我巴不得要去效法的东西；可是我又想到要变得像基督那样，还意味着其他一些东西——谦卑、牺牲、饶恕、受苦，这些很难效法，都是我们经常想要躲避的事情。

这就是为什么耶稣告诉人们要算一算跟从他的代价。当大群人聚集起来看他、听他讲道的时候，耶稣知道许多人去那里只是为了看热闹，他们不想听到他说："你们要舍己，背起你们的十字架来跟从我。"耶稣告诉他们，除非他们愿意放弃一切所有的，就不配做他的门徒（路14:33）——当时的许多人对此都没有准备。耶稣希望每个人都再好好想想，不要只是凭一时的热情。

仆人不能大于主人。（约 13:16）

我们作为基督的仆人，为什么会认为我们的生活不该有牺牲和受苦了呢？如果耶稣舍了自己的性命，那我们必须准备好做同样的事。他为我们树立了效法的榜样，约翰说："人若说他住在主里面，就该自己照主所行的去行。"（约壹 2:6）如果我不能拥抱"像基督那样"所意味的一切，那么宣称自己是基督徒就毫无意义。

想象一下，你正坐在人群中听耶稣讲道。你去那里也许是因为心里绝望，甚至只是去看热闹；但是你听着听着，你的心开始活跃起来。突然，你听到耶稣说，"凡不背着自己十字架跟从我的，也不能作我的门徒"（路 14:27），你会那么做吗？

当你在享受婚姻幸福的时候，你会仰望那位施予者，而不是只盯着礼物吗？当你的婚姻遇到难处的时候，你会为了义的缘故而受苦吗？你愿意效法基督的榜样，行事为人都配得上上帝对你的呼召吗（弗 4:1）？你蒙召要像基督那样。感谢上帝，他没有呼召我们去做那些他在我们里面无法做成的事情。你也许并不想要变得像基督那样，但这是你蒙召该尽的本分。

我不知道为什么我们会认为自己就应该总是感觉良好、强壮、能干、胸有成竹。很多时候，我们知道当走的路——无论是在婚姻当中，还是在生命的其他领域——但是没有行动，因为我们"没有感觉"。

如果说我真知道些什么的话，我知道感觉是靠不住的，一刻也靠不住。感觉常常只是认识、自我保护、害怕或情绪的产物。

我曾经看到一个汽车保险杠上面写着"不要想什么就信什么"。我知道这只是汽车保险杠上面的一句话而已，但它还是挺深刻的。你也许认为自己很软弱，也许认为没什么希望可言，也许认为你应该时时刻刻都感觉想顺服上帝，但是请不要想什么就信什么。

> （上帝）对我说："我的恩典够你用的，因为我的能力是在人的软弱上显得完全。"所以，我更喜欢夸自己的软弱，好叫基督的能力覆庇我。我为基督的缘故，就以软弱、凌辱、急难、逼迫、困苦为可喜乐的，因我什么时候软弱，什么时候就刚强了！（林后 12:9–10）

我觉得这真是令人难以置信：我们感到软弱和绝望的时候，恰恰正是上帝的恩典最够我们用的时候。想想上帝的力量是如此强大，以至于保罗真的会夸自己的软弱，而不是在软弱中崩溃。这样的思想必定会深深地改变我们。

很多时候，我们认识到自己很软弱，但是却没有认识到上帝要借着我们的软弱成就他的旨意。很多人都说自己认识那位全能的上帝，但是他们在感到自己软弱的时候就放弃了。对于认识上帝的人来说，"我真的不行"真是句蠢话；他们的字典里面根本就不该有这个词儿。"我不行"应该替换成"我靠着那加给我力量的，凡事都能作"（腓4:13）。软弱应该使我们以前所未有的方式降服于基督，并向他呼求；他也曾知道软弱，也曾遭受百般试探，他知道想放弃、想按自己的方式来行事的诱惑有多强。

> 因为我们的大祭司并非不能体恤我们的软弱，他也曾凡事受过试探，与我们一样，只是他没有犯罪。（来 4:15）

在你软弱的时候，他仍然刚强；在你感觉想要放弃的时候，他要教导你如何持守信心。

福音的核心就是得胜——胜过审判，胜过死亡，胜过罪。

请仔细听我说，因为我恐怕我们会失去那些经历了太多失败的人。也许你尚未察觉，但是你已经不再相信自己还能得胜了。每一个人都可以选择在福音的光照下去思考、行动、回应。虽说一场婚姻可以因为一个人拒绝改变而面临失败，可是哪怕只有一个人永不放弃，婚姻同样可以因此兴盛起来。最终的得胜是知道自己不惜一切代价荣耀了上帝，良心在与上帝的同在里得到了安息。

> 那忍受罪人这样顶撞的，你们要思想，免得疲倦灰心。你们与罪恶相争，还没有抵挡到流血的地步。（来 12:3-4）

我认识的一些最英俊美丽的、为圣灵所充满的人，在婚姻问题上也经历过深深的心痛，这其中的缘故我也明白几分。我看到就是这些人，当他们在痛苦、原谅和谦卑中挣扎的时候，经历了跟他们的救主无比亲密的关系。保罗劝勉"我们行善，不可丧志；若不灰心，到了时候就要收成"（加 6:9）。我确实见到了这些了不起的人收获了基督光芒四射的爱，从他们的生命里流出的平安和喜乐就是活的见证——上帝的恩典够他们用。

我渴望见到上帝的子民活在福音的大能和得胜当中，

我们绝不能再低估我们的上帝了！彼得提醒我们说："神的神能已将一切关乎生命和虔敬的事赐给我们。"（彼后 1:3）是的，若没有耶稣，我们是软弱和罪恶的；但是若与基督联结，我们就拥有了过敬虔生活所需要的一切。彼得告诉每一个人：

> 正因这缘故，你们要分外地殷勤。有了信心，又要加上德行；有了德行，又要加上知识；有了知识，又要加上节制；有了节制，又要加上忍耐；有了忍耐，又要加上虔敬；有了虔敬，又要加上爱弟兄的心；有了爱弟兄的心，又要加上爱众人的心。你们若充充足足地有这几样，就必使你们在认识我们的主耶稣基督上，不至于闲懒不结果子了。（彼后 1:5-8）

我们在认识我们的主耶稣基督上，有可能闲懒不结果子。我可不想那样，希望你也不要。

我一直在想，"增加"这些品格，或者说使我们变得更像基督那样的唯一的办法就是增加我们追求他的时间和努力，大大增加我们花在祷告上的时间。这不容易，我承认我们需要处理的事情太多了。有的时候，与神的亲密让我感觉自己马上就要脱离肉体了，我可以就那样静静地躺在耶稣的怀抱里整整一天、两天，也许一个星期！但是接下来，我里面的挣扎又在增加。我离圣灵越远，在属灵上就会变得越软弱。如果我要变得像基督那样，我真的必须得贴近基督才行。我也必须记得耶稣说过这样的话语：

> 你们要彼此相爱，像我爱你们一样，这就是我的命令。人为朋友舍命，人的爱心没有比这个大的。你们若遵行我所吩咐的，就是我的朋友了。（约 15:12-14）

带基督走上十字架的那种爱，对他来说也不是容易和无痛的。事实上，他也挣扎，跟天父痛苦地商谈，看看是否还有其他办法。伟大的爱需要付出重大代价，我们希望婚姻里面充满了爱，但是也许我们忘了实现这个目标最好的办法就是：活出福音，为你的丈夫或妻子——最终是为基督——舍弃自己的性命。你愿意舍命吗？就是现在，就在此时时刻，耶稣正在对我们说："若有人要跟从我，就当舍己，天天背起他的十字架来跟从我。"（路 9:23）

小结

生命就是关于耶稣的一次旅程，我们来到这个世上不是要讲述自己的故事，而是他的故事；我们在这里是要活出他的故事，不是我们的故事。

> 你们的生命是什么呢？你们原来是一片云雾，出现少时就不见了。（雅 4:14）

你将如何度过这云雾般的一生呢？你又将如何度过那被我们称之为"婚姻"的云雾般的片段呢？你是要将目光都吸引到你自己的人生上面呢？还是要倾尽全力，将目光都吸引到那位单单配得荣耀的上帝那里？在他的故事里面，你有一个角色要扮演，你的婚姻也是如此；但是所有这些都将会像微尘般散落——如果你不拿它们来荣耀上帝。

那全能的上帝爱上我、追求我并拯救我，他曾在十字架上舍弃自己的性命，领我来到上帝那里，现在又用圣灵充满我。有一天，我将被耶稣接走，进入荣耀的永生；但是现在，我有个使命要完成，就是向众人传讲耶稣的故事。所有这些真理使得我的生命与那些不信之人有了根本性的分别。

耶稣来了，是叫我们"得生命，而且得的更丰盛"（约 10:10）。当我们被他的丰盛的生命充满时，就会满溢，就会有很多东西要分给别人。婚姻就当如此：我们在基督里面找到了自己的身份，实现了自己的价值，我们被圣灵充满，结出了圣灵的果子，然后我们又用仁爱、喜乐、和平、忍耐、恩慈和温柔来将我们的配偶环绕。他使我们充充满满，所以我们不会抱怨别人没有满足我们的需要。他赐给我们太多好东西，我们这一生就是要用收到的祝福去祝福别人。

耶和华是我的牧者，我必不至缺乏。（诗 23:1）

行动建议

我们已经讲了很多东西。对于婚姻应当如何运作，我们还没有开始给实用的建议，但关于福音改变婚姻的问题，我们已经讲了很多。现在需要你去好好思想，做出回应了。

花些时间跟上帝在一起

★ 找一个不会被人打扰的地方，就那样坐在上帝的同在里，什么事都不用做。

★ 诚实地告诉上帝你对婚姻有哪些恐惧、你以前所犯的罪、你对上帝的不信任——什么都可以，把你的重担都交给上帝。

★ 然后花些时间去感谢上帝。为了福音的大能，为了你软弱时他加给你的力量，为了那白白赐下的、使人转变的恩典。

列一个福音清单

★ 列一个清单，写下耶稣为你所做的事。他做了什么？意义何在？他所做的使你的生命发生了怎样的变化？这不应当是一个短短的清单！

★ 再列一个清单，写下你的婚姻在哪些方面需要福音的转变。耶稣牺牲的榜样应当对你跟配偶的关系造成什么影响？圣灵这个礼物应当为你的婚姻注入怎样的活力？这个清单既要包括对大现实的描述（比如"当我感到不想服侍的时候，这给了我力量"），也要包括具体的行动步骤（比如"这使我在______的情况下，也能够和颜悦色地对妻子讲话"）。

第三章　学习争论之道

从基督的样式看婚姻

丽莎和我都相信，在耶稣诸多美好的品格中，他的谦卑在构建健康婚姻上尤为关键。如果两个人都把效法基督的谦卑当作自己的目标，什么问题都迎刃而解了。真的，就是这么简单。当我们想要证明自己是对的、而不是想要变得像基督的时候，争论就会升级。在激烈的争论中，我们很容易就会变得盲目；很快，我们满脑子所想的就是怎么能赢，甚至为了能赢，去犯罪也不在乎。在争论中取得胜利的那个人往往是表现得更不像基督的那一个。

婚姻总难免会遇到吵架生气和暂时的失败，但是你必须坚定自己的目标，搞清楚什么更重要：是赢得争论，还是效法基督？即使在激烈争论的时候，我们也应该问问自己，我们的行事为人像耶稣吗？

　　我得承认，我很喜欢赢。输了会让我睡不着觉，我会躺在床上，想着应当改进哪些地方。我真是不想输，我要是争论不过别人，事后还会想着该怎么说才能赢。能把对手说得哑口无言，那感觉真好。

　　丽莎和我最早的一次争论是关于迷你网球，当时我们正在电话里商谈周五晚上的安排。我们打算跟另外两对夫妇去放松一下，丽莎建议我们去打迷你网球。我告诉她，那未必是个好主意，因为球场规定不让六个人一起打，所以我们必须得分成两组。她回答说："哦，这个规定真蠢，你确定吗？这没道理啊。"

　　一个有智慧的人听了这话就不会再说什么了，可我却自以为是，向她讲起了这其中的道理：六个人一组要比三个人两组移动得慢。她很清楚地告诉我，我肯定是搞错了，她不明白我在说什么。一个有智慧的人在这时候不会再说什么了，谦卑的人不在乎输赢；但是我选择了愚蠢傲慢的道路。我给丽莎办公室发了个传真，用图示说明了六个人一组和三个人两组的移动速度。那时候我很不成熟，就为了赢得一场争论，把事情搞砸了。

　　这些年来，我们为很多事情争论过——垄断、拼字游戏、禁忌、卡坦岛游戏①、我的脑容量的大小、玛丽亚·凯

---

① 卡坦岛游戏是一种桌上图板游戏，最早源于德国。——编注

莉[①]、圣诞老人——你能想到的我们大概都争论过。我们也为了一些更严肃的事情而争论，比如怎么管教孩子、花钱、时间分配等等。我们也不是经常争吵，但吵架的事还是时有发生。我们都是人，两人都爱赢。而且我想我们的情况不会是个例。

圣经上有一节经文为我们的观点提供了有力的支持，那就是《雅各书》4章6节："神阻挡骄傲的人，赐恩给谦卑的人。"

对于我们这些抱有"不惜一切代价取胜"的观念的人来说，这节经文足以把我们震得粉碎，只有蠢人才会为了获胜而错失上帝的祝福。好好记住这话吧：上帝阻挡骄傲的人。骄傲使你想要赢得争论、击败"敌人"，也给你添了一个新的对手——上帝。

你能想到有什么比跟上帝作对更糟糕的吗？上帝护佑谦卑的人，赐恩给他们。我们都爱赢，但是我们准备好放弃上帝的恩典、甚至成为他的对手了吗？与上帝为敌，你真能赢吗？没有什么比得到上帝丰盛的恩典更好的，也没有什么比站在上帝的对立面更糟糕的。

舍命跟从耶稣

权力、自主、操控……这个世界每天都在用此类信息

[①]　玛丽亚·凯莉（Mariah Carey）是美国著名女歌手。——编注

轰炸你，但是耶稣所教导的却恰恰相反——舍己。

> 我已经与基督同钉十字架，现在活着的不再是我，乃是基督在我里面活着；并且我如今在肉身活着，是因信神的儿子而活，他是爱我，为我舍己。（加 2:20）

遵从使徒教导的基督徒，需要变得像基督那样，去学习必须学习的功课——舍己。为了使人"皈依"基督教，基督徒常常不讲出故事的全部。我们想让人跟从耶稣，于是就像廉价的销售员，只跟人分享好处，却不说代价。我们告诉他们耶稣关于生命和饶恕的应许，却不提他关于悔改和顺服的呼召；对于耶稣所说的我们必定会经历的逼迫，也总是避而不谈。我们这么做是在贱卖福音。福音之美在于基督是至宝，我们愿意高高兴兴地舍弃一切去拥有他；他那么荣美，只有蠢人才不想变得像他一样。

> 于是，耶稣对门徒说："若有人要跟从我，就当舍己，背起他的十字架来跟从我。因为凡要救自己生命的，必丧掉生命；凡为我丧掉生命的，必得着生命。"（太 16:24-25）

> 只是我先前以为与我有益的，我现在因基督都当作有损的。不但如此，我也将万事当作有损的，因我以认识我主基督耶稣为至宝。我为他已丢弃万事，看作粪土，为要得着基督，并且得以在他里面，不是因自己有律法而得的义，乃是有信基督的义，就是因信神而来的义，使我认识基督，晓得他复活的大能，并且晓得和他一同受苦，效法他的死，或者我也得以从死里复活。（腓 3:7–11 ）

我们确实是渴望有一位主人，这跟伊甸园里的亚当和夏娃不同，我们愿意顺服上帝的统治，乐意降服，乐意将我们的生命交托给他。

任性的翻译

几年前，我在巴西通过一个翻译在讲道。我的一句话被翻译之后，大家都笑了。这通常是个好迹象，但是那一次，我并没说任何可笑的话！很明显，我的话在翻译过程中被曲解了。接着，我突然意识到：这个翻译**想怎么说都可以**，因为我无法分辨其中的差异。他可以借我的嘴说他自己的话，而我永远也不会知道！

有时候，我们就像是任性的翻译，我们的工作本来是行事为人要像基督一样，向世人传讲他的信息；但我们说着自己的话、做着自己的事。我们蒙召作神的翻译，就应该代表他，为他说话。

> 所以，我们作基督的使者，就好像神藉我们劝你们一般。我们替基督求你们与神和好。
>
> （林后 5:20）

上帝没有从天上用雷霆般的声音说话，反而选择我们作他的使者，通过我们来说话。他又选择婚姻作他的公告牌，在上面大书特书他的信息，因此他呼召我们要经营婚姻关系，准确地见证他。

讲述婚姻最有名的经文当属《以弗所书》5 章，就是在这段经文中，使徒保罗解释了我们的婚姻关系应当怎样反映基督和教会的关系。也是在这里，他描述了我们在婚姻中的角色。关于这些经文，还存在一些争议，有些人主张照字面意思来理解这段经文，也有人相信这些命令仅限于当时特定的时代和文化，今天已不再适用了。

通过在神学院的学习，我知道对于每个问题都有两种观点，而且两方面都有比我聪明的学者，所以我最好还是去研究、祷告、鉴察自己的内心，并做出自己的决定。我的目标是站在上帝面前，能够这样说："我祷告并研究了这段话语，尽量忽略了个人的倾向性，尽可能地去理解了它。我相信这段话的意思是这样的，所以我尽力照办了。"我在持守自己观点的同时也不忘谦卑，在未来任何时候，都允许上帝借着我更多的研究、祷告和内心鉴察向我启示更好的解释。

这些年来，丽莎和我研究了这段经文以及一些相关问题，我们最好的理解是照字面来接受这些经文，并照着经上所写的活出来。我们的结论是上帝呼召男人谦卑地领导、充满牺牲精神地去服侍妻子。做丈夫的应当帮助妻子为见上帝的那一刻做好准备。我们相信上帝呼召女人跟从他们的丈夫，鼓励他们去追求上帝。

我们将顺服这些命令看作独一无二的机会，用以向世人表明跟从虔敬的领导是一件多么美好的事情。在我们这个世代里，大多人都不信任、不喜欢权威，进而发展成不愿意顺服耶稣的主权。我经常想，这种状况在多大程度上是由如此众多的、丑陋的"基督徒婚姻"造成的呢？我也在想，如果我们的婚姻能够像这段经文描述的那么美好，这种状况会不会发生变化。

你们作妻子的，当顺服自己的丈夫，如同顺服主。因为丈夫是妻子的头，如同基督是教会的头，他又是教会全体的救主。教会怎样顺服基督，妻子也要怎样凡事顺服丈夫。

你们作丈夫的，要爱你们的妻子，正如基督爱教会，为教会舍己。要用水藉着道把教会洗净，成为圣洁，可以献给自己，作个荣耀的教会，毫无玷污、皱纹等类的病，乃是圣洁没有瑕疵的。丈夫也当照样爱妻子，如同爱自己的身子，爱妻子便是爱自己了。从来没有人恨恶自己的身子，总是保养顾惜，正像基督待教会一样，因为我们是他身上的肢体。为这个缘故，人要离开父母，与妻子连合，二人成为一体。这是极大的奥秘，但我是指着基督和教会说的。然而你们各人都当爱妻子，如同爱自己一样；妻子也当敬重她的丈夫。（弗 5:22-33）

这段经文对丈夫和妻子都做了教导，我先谈其中对男人的教导，然后由丽莎来谈论对女人的教导。

像男人一样去爱

"你们作丈夫的，要爱你们的妻子"，怎么爱呢？**"正如基督爱教会，为教会舍己。"** 我的任务真是艰巨，我在人们眼里得是耶稣才行。我的爱应该让丽莎想到基督的爱，时间越长，她得越感觉像是嫁给了耶稣。我应当无私得让她想起十字架，圣洁得让她绝不会有任何理由怀疑我的忠诚，正如她做梦也不会梦见耶稣会对她撒谎。她应当很自信，我对她一诺千金，绝不动摇。

这些年来，有几位女士曾对我说，她们看了圣经关于丈夫和妻子的角色描述，认为男人的角色要容易得多。真是这样吗？你们跟我看的是同一段经文吗？我知道保罗的确对妻子的要求很高，但是让丈夫**像耶稣那样去爱**也绝非易事；我们双方的角色看起来同样无法做到。感谢上帝差派了圣灵来帮助我们。

圣经告诉男人要像基督爱教会那样去爱妻子。好好想想吧，耶稣可不是坐在天堂里空谈对你的感情，他的爱远远超越了言语和感情；他的爱是行动，是牺牲。甚至在你远未出生之前，他就开始非常积极地寻找你了！他为你撇下了天堂里的荣耀和舒适，为你忍受了折磨和讥讽，为你承担了天父的愤怒。没有人会那样爱你，也没人会为你忍受那么多痛苦。他不是消极地坐在天堂里批评你，他是在狂热地追逐你。

他告诉做丈夫的效法他的榜样就好了。

没有苦痛，就不是基督的爱了。耶稣把自己"给了"教会——这里说的是他的死——他对他的新娘毫无保留。

就在我写这些的时候，我也深深感到自己离这个标准还差得很远。我努力在想，如果我真能把耶稣活出来会是什么样子。作为基督徒，生活里有些事情看起来变容易了，但这个绝对不是。有时候，我甚至怀疑自己是否真能一直都那么无私而勇于牺牲，这需要一次又一次地舍己。耶稣的标准绝对是超人的，像《以弗所书》5章25节那样的命令有时真叫人感到难以企及。

所以，我必须时刻提醒自己要依靠圣灵的能力。这呼召需要有超人的力量才能做到，而这正是上帝借着圣灵赐给我们的。

一部分问题是，我为妻子所做的大部分牺牲跟十字架比起来都显得很琐碎——给孩子换尿布、做家务、吃她喜欢吃的食物——跟十字架相比，这些事情都显得无足轻重。可就是做这些事情我也得挣扎，这真叫人汗颜！从某种意义上说，大的事情看上去更容易些，比如替丽莎挡子弹，或者推她躲开呼啸而来的列车（因为丽莎总喜欢在铁轨上玩耍）。也许我可以鼓起勇气来一次荣耀的牺牲，但我得看到更大的画面才行。问题不在于或大或小的牺牲，而在于品格的塑造，在于不断舍弃自我、顾念别人，是变得像基督那样。

从下面的经文里，我们必须要看到基督为什么要做出那样的牺牲：

> 要用水藉着道把教会洗净，成为圣洁，可
> 以献给自己，作个荣耀的教会，毫无玷污、皱
> 纹等类的病，乃是圣洁没有瑕疵的。（弗 5:26-
> 27）

耶稣为什么要为教会舍己？他是在为我们与上帝的会面做准备。如果没有他的牺牲，那将是一场可怖的会面。上帝看见我们满身是罪，我们的结局将会非常可怕。但是耶稣把这一切都改变了，他舍命，所以我们能够"圣洁而没有瑕疵"地站在上帝面前。论爱，再没有比这更大的了。

如果你要像基督那样去爱，那你就要关心妻子成圣的事情。

虽然耶稣已经把她所有的罪都钉在十字架上了，你仍然有着实实在在的责任——你要爱、要引导、要牺牲，好叫她可以成圣。你对妻子最大的爱就是带领她靠近耶稣，使她变得更像耶稣。

具体来说，这就意味着你要鼓励她多跟上帝单独相处，要做出牺牲保证她有这样的时间；也意味着你要提醒她，要专注于永恒；还意味着引导她多做善事，好得到永远的奖赏。男人啊，这些做丈夫的责任你们都考虑过吗？这是大事。

需要爱的动力？

我是一个极度以自我为中心的人，有些时候，我简直无法不去想自己。有趣的是，《以弗所书》5 章说这个特点也可以为我们所用。保罗告诉我们要像爱自己的身体一样去爱妻子（28-29 节），我们不需要提醒自己去"保养顾惜"自己的身体，那是很自然的事。保罗做这样的比较，就是告诉我们要把妻子看作自己的延伸。

保罗接下来说了一段十分精彩的话，让我既震惊又难以置信，我现在还在祷告，求上帝给我信心，让我能完全彻底地相信。请注意这段话里面的逻辑：

> 丈夫也当照样爱妻子，如同爱自己的身子，
> 爱妻子便是爱自己了。从来没有人恨恶自己的
> 身子，总是保养顾惜，正像基督待教会一样。
> （28-30 节）

为什么丈夫应该像爱自己的身体一样爱妻子呢？因为基督就是这样对我们的：他"保养顾惜"我们，"**因为我们是他的肢体**"。千万别错过这句话！耶稣照顾我，就像我照顾自己的身体一样！把这话好好理解一下，你敢相信吗？你相信上帝的儿子照顾你就像照顾他自己的身体一样

吗？你现在应该是满心喜乐吧！好好思想一下，感谢上帝是如此爱你。

当我们深深相信这些真理并仔细思想的时候，就明白为什么大卫会说："耶和华是我的牧者，**我必不至缺乏。**"（诗 23:1）大卫一无所缺，我们也应如此。没有什么比一个贫乏的丈夫更糟糕的了，如果耶稣照顾我们如同照顾他自己的身体一般，我们还求什么呢？这就是为什么大卫说："你使我的福杯满溢。"（5 节）

你是贫乏？还是福杯满溢？当我们仔细思想我们在基督里面所拥有的财富的时候，就发现他的祝福多得我们根本盛不下。设想你在一个感恩节晚宴上吃得很饱，再多一口也吃不下了，你恳求别人继续吃剩下的食物，因为你吃得真是太多了。你的生活看上去就应该是这样，我们在基督里面得饱足，饱足到满溢；所以我们转向身边的人，跟他们分享那丰富的仁爱、和平、喜乐和生命。

下面是一张构建美好婚姻的蓝图：

1.基督的"保养顾惜"震撼了我们的心灵。

2.我们用从上帝那里得来的同样的爱来浇灌妻子。

3.人们被我们向妻子所表现出的奢侈的爱惊呆了。

4.我们有机会向他们传讲基督的爱，就是那促使我们去爱的源头。

遗憾的是，很少有婚姻能像这样的，人们看到基督徒的婚姻，也很少会感到稀奇。我们只是在平庸里唏嘘慨叹。我想一个人声称上帝的灵住在他里面，却过着平淡无奇的生活，这实在叫人惊讶。

但是这一切都能改变，只要你为自己是基督的肢体而喜乐，改变就开始发生了。

> 你们要靠主常常喜乐！我再说，你们要喜乐！（腓 4:4）

在基督里面喜乐吧，我是说真的，没有哪个女人愿意接受一个无趣的男人的领导。让基督用他丰盛的恩典把你充满，好叫你能够拿来与妻子分享。既已成为上帝的儿女、基督的肢体，你就可以在上帝那里找到安息。他要"保养顾惜"你，并使你能够如此对待妻子。

这就是我们的动力，是在他里面的喜乐让我们乐意效法他的榜样。耶稣为门徒洗脚，然后告诉他们要为彼此洗脚。耶稣没有让门徒给自己洗脚，而是让他们如此对待彼此。正如耶稣保养顾惜你，你也要照样照顾你的妻子。

婚姻与谦卑（丽莎著）

谦卑是那么美好，不是吗？可是又很难做到，因为我们真是太爱自己了。要做到"**看别人比自己强**"（腓 2:3），真不是件容易的事。

有一次，我决定要看看自己一天究竟有几次需要强压火气的时候，你知道那样的感受——有人冒犯了你、开车猛地超过了你、让你等太久、没有说"对不起"或"谢谢"、愚弄了你或是用其他粗鲁的方式对待你。我数算了一下，结果令我吃惊。我得经过一番**挣扎**，才能谦卑下来，才能真正**"以谦卑束腰"**。

> 我为主被囚的劝你们：既然蒙召，行事为人就当与蒙召的恩相称。凡事谦虚、温柔、忍耐，用爱心互相宽容，用和平彼此联络，竭力保守圣灵所赐合而为一的心。（弗 4:1-3）

> 就是你们众人也都要以谦卑束腰，彼此顺服，因为神阻挡骄傲的人，赐恩给谦卑的人。（彼前 5:5）

谦卑与我们心里的想法截然不同，也与这个世界的教导大相径庭。报摊书架上的杂志不会告诉你行事为人要谦虚；恰恰相反，它们大肆鼓吹的是权力、自主和操控。告诉我们要听从自己的内心、想做什么就做什么的"金玉之言"更是铺天盖地，到处都是。受此影响，我们很容易相信自己理应受到某种待遇，不必听从别人的说教；毕竟，我们是又坚强又自立的人。

我们是多么容易就按着世界的教导去思考，并对此毫无察觉，这让我害怕；我们整日装进脑子里的都是这个世界里的东西，这让我烦恼。我们的思想可以偏离圣经的真理偏离得那么远！想想我们一周通常花多少时间看电影和电视，阅读杂志，上网，使用社交媒体，再跟我们花在读上帝的话语和祷告的时间比一比。结果让你害怕吗？

我不是故意勾起你的负罪感，让你感到挫败，但我确实想告诫你：如果我们不小心提防，就会陷入世俗观念的陷阱。你有没有这样的经历：从某一次退修会上刚一回来，属灵上非常活跃，可是一回到这个"真实的世界"，属灵的热情很快就降下来了？这是为什么呢？因为你的头脑马上受到一种不想跟耶稣有任何关系的文化的轰炸。在退休会上，你的灵里得到喂养，现在这个世界却在嘲弄你，要你去满足肉体的欲望。

> 你们要谨慎，恐怕有人用他的理学和虚空的妄言，不照着基督，乃照人间的遗传和世上的小学，就把你们掳去。（西 2:8）

敌人很狡猾，它步步为营，凡事都要欺骗我们，特别是在我们"理应"得到的事情上。它想让我们自高，认为心里谦卑是一件可笑的事情。所有那些世俗的智慧听上去都很好，很容易让人上当。

在这场保卫头脑的战争中，你可以从这里开始：

> 你要保守你心，胜过保守一切，因为一生的果效，是由心发出。（箴 4:23）

如果我想向世人展示基督的谦卑，就需要不断地从圣经里汲取营养。我是如此软弱，**必须**得定睛于耶稣，并不住祷告，求圣灵使我能够为他而活。

我们都有仗要打，我们必须拿起武器，随时准备好保卫自己——每一天都是如此。我们要活在这个世界上却不让自己受到不符合圣经的思想的威逼利诱，就必须时刻准备，小心提防。

> 你们勿要警醒，在真道上站立得稳，要作大丈夫，要刚强。（林前 16:13）

> 亲爱的弟兄啊，你们是客旅，是寄居的。我劝你们要禁戒肉体的私欲；这私欲是与灵魂争战的。（彼前 2:11）

　　这场争战将伴随我们一生，如果我们没有认识到它的持久性，也没有去小心应战，骄傲就会深入我们本已自私的内心，摧毁我们的生命和婚姻。

　　我曾经给很多在婚姻上遇到麻烦的女士作过辅导。很多时候，我会跟她们一起哭泣。我可以告诉你，不论她们的情况差别多大，不论谁的错更大些，也不论情况看上去是多么不可救药，她们的回应方式不外乎就两种：骄傲或谦卑。她们都伤心过、哭泣过、痛苦过、挣扎过，其中一些人选择了骄傲，而另一些人克制了自己的意愿，做出了谦卑的回应。

　　骄傲的人自辩、恼怒、怪别人、关注自己，他们始终认为问题不在自己，都是别人的错。福音不是他们的焦点，也不是他们的目标。

　　谦卑的人为自己的罪而痛悔，他们关注的更多的是上帝的荣耀，而不是自己的得失；他们努力——靠着上帝的恩典——使福音成为自己的焦点和目标。

　　我还记得跟一个朋友瑞莎隔桌而坐的情景。她的婚姻一片狼藉，丈夫背叛了她，一度收拾东西离开了家，后来似乎又回心转意，要跟她和好。瑞莎感到很挣扎，她看着我的眼睛对我说："我不爱他，我心里对他没有任何感觉。"

　　她接下来说的话对我触动很大，她说："但是我爱上帝，为了他我什么都愿意做。我接纳我丈夫是因为我爱上帝，而不是我丈夫，我这样做可以吗?"老实说，在那一刻，无数的想法在我头脑里打转。上帝的恩典如泉涌入瑞莎的心田，我无言以对，完全被瑞莎想要荣耀上帝的迫切的愿望深深打动了。她愿意顺服上帝的旨意，因为她爱上帝，愿意为上帝做任何事情，不管自己的感受如何，也不管有多少人告诉她，她配得"更好的"。

感谢上帝，他们的婚姻从那以后发生了根本的转变。这不是我第一次亲眼见证到谦卑的力量了，它的真实性叫人无法否认。看到上帝那样运行他的能力，能够改变你对事物的看法。有多少次，人们让自己的骄傲阻挡了上帝要做的美事呢?

要记住，我们一骄傲，马上就会受到上帝的阻挡（雅4:6）。你也许以为，自己的"绝不妥协"对付的只是你的配偶，但你最终反对的是上帝。而你这样做，会受到上帝的阻挡。

上帝总是喜爱谦卑，永远都是这样，他将丰盛的恩典赐给谦卑的人。你跟配偶拌嘴的时候，要想想这个。先不论他说了什么或是做了什么，问题是你想要上帝的阻挡，还是他的恩典? 证明你是对的更重要呢，还是做对的事情更重要?

我有一次跟朋友聊天，她说自己有骄傲的问题，她说：

"如果我道歉或让步或表现出谦卑，就会感觉是他赢了。"这样的想法很普遍，只是我们有时候不愿意承认罢了。其实我这位朋友自己也很苦闷，也知道情况有些不对头。她甚至认识到，骄傲让她跟上帝疏远了。我鼓励她说，她最终顺服的是上帝，不是她的丈夫。

道歉不容易，我们可能都有过这样的感受。有的时候，"对不起"三个字怎么都说不出口，这是因为我们整个身心都深受骄傲的影响。在这时候，只有一件事能让你做出正确选择——迫切地想讨上帝的喜悦。还有什么比这更重要的吗？我宁可把话说得重一点：如果连这个都不足以让你咽下你的骄傲，也许你应该好好考虑一下你跟上帝的关系了。

> 人的高傲，必使他卑下；心里谦逊的，必得尊荣。（箴 29:23）

> 但我所看顾的，就是虚心痛悔、因我的话而战兢的人。（赛 66:2）

> 骄傲在败坏以先，狂心在跌倒之前。（箴 16:18）

他讥诮那好讥诮的人，赐恩给谦卑的人。

（箴 3:34）

耶和华虽高，仍看顾低微的人，他却从远
处看出骄傲的人。（诗 138:6）

每当我看到有人表现谦卑的时候，就会指着他们对我
的孩子说："多了不起呀！"我希望我的孩子知道什么是谦
卑，同时去学习谦卑；希望他们意识到上帝总是在称赞谦
卑，也希望他们知道，当我们行事谦卑的时候，就是在效
法耶稣的榜样。

很多婚姻的解体，都是由于缺少谦卑而造成的。作为
信徒，这难道不叫人难过吗？我们在奋力追求"平等"和
"地位"，陷入权力之争，却忘了基督是怎样谦卑舍己。

很多女性关注的只是顺服**不**意味着什么，而不是它**究
竟**意味着什么。

我在教会开设课程，教导为妻之道已有很多年，主题
就是如何做一个敬虔的妻子。过了很长一段时间，我终于
认识到，如果我们都是心里谦卑的人，根本就没有开设这
课程的必要。我们思考如何做妻子思考得太多了，但是对
于怎样听从耶稣的呼召、效法耶稣的榜样，却思考得不够。
在每一个挣扎、每一个辩论的背后都隐藏着这样一个真理：

如果我们能像基督那样，很多问题会迎刃而解。

市面上有很多关于妻子在婚姻中的角色和位置的探讨，其中也不乏一些健康的内容。这样一来，我们就愈发需要尽可能地把圣经的教导弄清楚。我不是想要绕过那些探讨，但是我作为一个妻子的观点是这样的：尊重并顺服丈夫，是我们区别于非信徒的最好的方式。我们积极听从上帝的教导，"顺服自己的丈夫，如同顺服主"，就大大展示了我们对基督和上帝的话语的信赖。这无疑与美国文化格格不入；但事实就是这样，如果我们真心要跟从耶稣，就一定不会融入这个文化。

下面是一些很好的原则，有助于让我们深入思考有关顺服的呼召：

我们顺服的是上帝指定的一个**角色**，虽然这个角色并**不完美**。换句话说，我们的丈夫会犯错；在我们眼里，他们也并不总是"配"做领导。但是上帝永远都配得我们的顺服。既然这个顺服的命令来自上帝，我们最终顺服的就是上帝。

只有对上帝的顺从才是绝对的，如果我们的丈夫要我们犯罪（醉酒、说谎、偷税、看淫秽的东西等），我们就不应该听他的。"顺从神，不顺从人，是应当的！"（徒 5:29）

上帝创造女人来做男人的帮手，夫妻**同心**，其利断金！上帝认为亚当独居"不好"，所以造了一个合适的帮手给他

（创 2:18）。拥抱上帝赐给你的角色吧，用你的聪明智慧和远见卓识去帮助你的丈夫；同时也要给他自由，让他带领一家人向着上帝指引给他的方向前进。

行在上帝的旨意里最安全不过了。如果我们知道上帝要妻子顺服丈夫，我们就照样去做，哪怕会感到害怕。最终，很多女人发现自己是在跟上帝作对，而不是她们的丈夫；这在很大程度上直接造成了她们的不幸。上帝精心设计了婚姻的方方面面，我们要学会信靠他。

圣经里所说的顺服的概念，并不是要你把丈夫当作上帝。如果妻子受到丈夫的虐待，她不必犹豫是否该向有关部门报告、追究她丈夫的责任；但是我也想鼓励每一位妻子，你们要相信上帝能够修复医治你们的婚姻，即使在最无望的时候也要坚定信心。

最终，我们要将自己交托给上帝。

为了实现父的目的，耶稣甘愿顺服父的旨意，这真是了不起。我有时候也会抱怨为什么女人就该顺服呢，每当这样的苗头出现的时候，我就会提醒自己我们的救主曾经说过："我没有一件事是凭着自己作的"（约 8:28），他又说："因为我从天上降下来，不是要按自己的意思行，乃是要按那差我来者的意思行"（约 6:38）。

当我们意识到顺服是在效法耶稣的时候，顺服也就变得美好了。耶稣虽然配得所有荣耀，却甘愿放下一切来拯救世人（腓 2 章）。如果说有谁**配得**什么的话，那就是我们的主耶稣，然而他欢欢喜喜地顺服了父的旨意。真了不起！别再只盯着世界了，好好让圣经的真理在你心里生根长大。

说了这么多，是因为我真的认为我们应该少去强调我们在婚姻中的角色——不是完全不强调，而是要将它放在另一个极为迫切的呼召之下：每个信徒都应该学像基督。记得吗，谦卑是上帝给所有人的命令（彼前 5:5-6），他还命令我们要彼此顺服（弗 5:21）。耶稣完美地诠释了这些美好的品格，你越是追求活得像基督一样，就越能自然而然地活出上帝赐给你在婚姻中的角色。

> 凡事不可结党，不可贪图虚浮的荣耀；只
> 要存心谦卑，各人看别人比自己强。（腓 2:3）

你在谦卑方面做得如何？熟悉你的人会毫不犹豫地说你是个谦卑的人吗？

小结

人美，婚姻也美。耶稣是世上最美好的人，要想拥有美好的婚姻，夫妻二人就要把"像耶稣那样"作为自己的目标。虽然被特别告知"要像基督那样去爱"的是丈夫，但是不要忘了耶稣是每一位信徒的标准。

> 我赐给你们一条新命令，乃是叫你们彼此相爱；我怎样爱你们，你们也要怎样相爱。你们若有彼此相爱的心，众人因此就认出你们是我的门徒了。（约 13:34–35）

我们如果能将"用基督的爱来爱彼此"作为我们的目标，那些有关角色和责任的争论就消失无踪了。如果我凡事都替丽莎着想，那么我就不会觉得服侍她、为她牺牲会有损我的颜面，甚至有什么不方便的了。这本来就是我该做的，就是这么自然。如果丽莎也爱我胜过爱自己，那么很显然她就会想要支持我的事工异象，而不计较她个人的得失。想象一下，如果在婚姻关系中——或者任何关系中——双方都能够竭力地做到"恭敬人，要彼此推让"（罗 12:10），那将会是什么景象。

如我们所知，要像耶稣一样，说起来容易做起来难。要做到这一点，我们就要常常跟他在一起，亲近他，在他里面喜乐，让他"保养顾惜"我们，如同他保养顾惜自己的身体。

我们很多人都是解决问题的能手，并用这样的态度来对待生活中方方面面的事情。甚至在祷告的时候，我们也会马上说出自己的祷告事项，根本不花时间享受上帝的同在和他的祝福。生活如此忙碌，跟基督亲近的事就只好让一让了。我们所关注的就是怎样完成任务，而忽视了品格的培养。我们的雄心壮志挤走了我们对爱的渴望。我需要跟耶稣亲近，感受他的同在，终日赞美他不停。

常常经历与耶稣的同在，对我帮助很大。现在，我就想象着他坐在我的对面，他刚强、勇敢、圣洁、谦卑、满有爱心，他到哪里，哪里就有生命。我每时每刻都需要他的同在，每时每刻都需要跟他亲近，每时每刻都需要他使我变得更有他的样子。

不论你现在身在何处，都可以想象着基督就坐在你的对面。想想他会做些什么，他的无所畏惧，以及他的谦卑、能力和恩典。想想如果今天他还以肉身活在世上，会做出哪些无私的举动。现在，求他赐给你能力去跟随他的脚步，求他借着你而活，借着你去爱。

如果你真的**爱**你的配偶，就要体现在行动上——不仅仅通过言语，而是要像耶稣那样去爱。除非圣经是错的，不然上帝就会赐给我们能力，使我们活得像耶稣那样。我们一定要坚信这一点，并不断努力直到他再来。

行动建议

我们在这一章里所谈论的所有内容对于婚姻、生命以及你与上帝的关系都至关重要，但是众所周知，谦卑和舍己实践起来颇不容易。你真的要用一生的时间来努力活得更谦卑、更舍己，对周围的人更尊重。下面一些建议可以领你入门，但是你不能浅尝辄止，要不断努力，找出更多实用的方法来爱你的配偶。

细看耶稣

★ 花些时间好好思想一下耶稣。你发现他有什么迷人之处？是什么使得他如此美好？他所体现的哪些品格吸引了你？他的哪些举动令你难忘？

★ 这样思想一会儿之后，列个清单，写一写耶稣的迷人之处。

★ 跟你的配偶分享一下，看看他／她还有什么补充。

★ 实事求是地跟配偶谈谈，如果你们能在婚姻中效法耶稣的这些品格，彼此会是个什么样子？描述得要非常符合实际才行。

第四章　不要浪费你的婚姻

从宣教的使命看婚姻

我女儿默茜五岁的时候，加入了一支足球队。她穿着蓝色球衣的样子真是可爱极了，她的球队的名字是"蓝色闪电"。我这个当爹的挺好胜，脑海里时常会浮现出这样的画面：默茜巧妙地从对方球员脚下夺过球来，一脚射向球门。球进了！可是那一天我看着默茜和她的朋友们，真不知该做何反应。她们在球场上手拉着手，一路蹦蹦跳跳地玩耍，丝毫不理会什么比赛，只顾着采摘花儿了。我当时感到又好笑又无奈。很明显，默茜根本不在乎输赢，只是想玩得高兴。但对于我这个当爹的来说，却产生了一个问题：如果她只是想去摘花儿，那我为什么要花钱送她进球队呢？我想是为了给她拍几张身穿球衣的可爱照片吧。

说起我们身处其中的属灵战争，很多夫妇表现得就像五岁的小球员。上帝呼召我们要持续同黑暗作战，他在这场争战中给了我们一个明确的使命——使人做耶稣的门徒。但是大多数基督徒夫妇只是手牵手地玩耍了一生，却忽视了发生在身边的战争。我们把营造家庭幸福作为自己的使命，但这并不是耶稣给我们的使命；我们把婚姻偶像化，并千方百计为自己找理由，因为**这是我们想要的**。

如我们所说，婚姻很重要，但不是最重要的。当我们专注于最重要的事情的时候，婚姻也会兴盛，因为它会按着本来的设计运作。但是当我们过于关注家庭的时候，我们的生活反而会出状况，进而影响到婚姻。

> 你要和我同受苦难，好像基督耶稣的精兵。凡在军中当兵的，不将世务缠身，好叫那招他当兵的人喜悦。（提后 2:3-4）

圣经说，我们处在一场争战当中。这是一场真实的战争，有一个真实的敌人（林后 10:3-4；弗 6:10-20）。上帝交给我们一个使命，所以我们不能让自己"被世务缠身"。

设想一下，假如有一所漂亮的房子，屋外环绕着白色的篱笆，你们一家人安闲地住在里面。可就在不远处，一场战争全面爆发了。你的朋友和邻舍正在浴血奋战，而你却在忙着装修厨房，安装大屏幕电视。你让装修工人装上了更好的窗户，好隔开外面那些噪音。

这一幅画面实在叫人心寒，却是很多基督徒夫妇的生活的真实写照。他们不理会耶稣的使命，只顾着享受生活。千万别陷入这个诱惑，真正的生活是要在战场上度过的。现在，我们很多弟兄姊妹在海外因为他们的信仰而遭受折磨。让我们为他们祈祷，用他们的榜样激励自己也加入战斗。

> 因为凡要救自己生命的，必丧掉生命；凡为
> 我和福音丧掉生命的，必救了生命。（可 8:35）

如前所述，拥有健康的婚姻也是这个使命的一部分。我们的使命并非要我们忽视婚姻，但是如果我们不**先**求他的国和他的义（太 6:33），我们的婚姻是不会健康的。并肩战斗恰恰使得我们不会互相开火。对于那些有圣灵内住的人来说，他们渴望去战斗，渴望被使用，渴望在他的使命里有份。

在这一章里，我们要呼召你首先追求上帝的国度，把它摆放在婚姻之前，还要挑战你走上战场。我们要列举八个理由，具体说明你的婚姻应该为他的使命服务。

专注于大使命的八个理由

理由一：这是耶稣的命令

这一点应当是我们所需要的全部理由。我们的主人给了我们一个命令；事实上，这是他在升天之前最后的吩咐。

> 耶稣进前来，对他们说："天上地下所有的权柄都赐给我了。所以，你们要去，使万民作我的门徒，奉父、子、圣灵的名给他们施洗。凡我所吩咐你们的，都教训他们遵守，我就常与你们同在，直到世界的末了。"（太 28:18–20）

虽然耶稣的全部命令我们都应当认真对待，但是考虑到耶稣发出这个命令时的情景，我们应当对它格外重视。耶稣从死里复活，把跟从者召集起来，告诉他们：**天上地下所有的权柄都赐给他了！**你还能想出比这更激动人心的时刻吗？宇宙的君王在刚复活那一刻吩咐给你这个命令，如果你忽视了它，那肯定是你一辈子做过的最傻的事了。

这个命令是什么呢？就是带领门徒。我们的生活应当围绕着这个命令来进行，不管是个人独自承担，还是夫妇二人共同承担，我们的使命就是利用我们在地上这段时间，尽可能多地去带领门徒，这应当成为我们生活里的头等大事。假如你还没有开始这么做的话，你今晚就要跟配偶坐下来，想想你们应该怎样围绕着这个命令来生活。这个命令应该统领你生活的方方面面：在哪儿居住，在哪儿工作，钱花在哪儿，怎样支配时间——所有一切！你在做每一个决定时都应当考虑到"带领门徒"这个命令，无一例外。我们要不断地问自己：我们怎么能拿出更多时间和资源，去带领门徒？

我希望人家都明确这个命令的意思：耶稣告诉他的跟从者去那些还不认识他的人那里，找到那些还没有跟耶稣建立关系的人，给他们施洗，教导他们遵守耶稣的命令。

耶稣呼召我们不仅是学习圣经，他想让我们跟其他人一起生活，好叫我们向他们展示何为顺服，并教导他们也照样去做（林前 11:1）。真正的门徒生活，应当包括向其他人开放我们的家庭，跟他们分享我们的时间和资源，好叫他们看见基督并跟从他。

你之所以存在就是为了带领门徒，你的婚姻也是如此。你不想到最后站在上帝面前，连一个门徒都没有带领吧？重新调整你的生活，重新确立生活的目标。你存在，就是为了影响其他人。

这是个值得花时间探讨的问题，我鼓励你上网看一看可以找到我写得很多免费的文章，是关于带领门徒事宜的。

理由二：耶稣在战场上

耶稣在大使命最后作了一个惊人的应许：在告诉我们要走遍世界去带领门徒之后，耶稣应许说他会跟我们在一起。我们并不是在孤军奋战。

> 凡我所吩咐你们的，都教训他们遵守，我就常与你们同在，直到世界的末了。（太 28:20）

上帝现在就在做工，他在救赎世界。如果我想找我的朋友安德鲁，我通常会去健身房；如果要找亚当，我可能会去海滩；如果要找丽莎，可能就要去百货公司了。如果我想找耶稣，就应该去跟人分享福音。他在那里，在战场上，肩负使命奔走追逐。

我曾听有人抱怨说感觉不到耶稣跟他们在一起，也经历不到圣灵。我就问他们：你每天是在忙着带领门徒吗？毕竟，耶稣的应许是在他的命令之后才给出的。后来，耶稣又告诉他的门徒，当圣灵降临在他们身上的时候，他们将得着能力；但是上帝赐能力给他们，是要叫他们做他的"见证"。

> 但圣灵降临在你们身上，你们就必得着能力；并要在耶路撒冷、犹太全地和撒马利亚，

直到地极，作我的见证。（徒 1:8）

耶稣赐圣灵给我们，不是叫我们仅仅能够感觉到他，好像一个可以触摸到的神奇的泰迪熊似的；他赐圣灵和能力给我们，是叫我们为他做见证。他跟我们在一起，不是叫我们能拥有幸福的家庭，而是叫我们去带领门徒。诚然，我们在山顶祷告或是跟其他信徒一起敬拜的时候能够经历到他的同在；但是当我们走上他的战场的时候，他会以一种特别的方式显现。

一天晚上，我女儿开了一场音乐会，安排我在表演结束后讲话。在音乐会期间，我在后台祷告。我跪在地上，求上帝运行，我祷告得情辞迫切，以至焦躁不安。我说：

"主啊，请您在我讲话的时候显现您的大能！您知道我一直在为这个时刻祈祷！我想要看到你运行，你在圣经里告诉我以利亚也只是个人，就像我一样；但是您听他的祷告，从天上降下火来，让众人惊恐敬拜。在我宣讲您的真理的时候，请您来！你为什么不回答我呢？为什么不替我做同样的事呢？"

当时我虽然没有听到清晰可辨的声音，但是我相信，这是那样为数不多的时刻，主在对我说话。他说：

"以利亚是在迦密山上跟巴力的先知较量，如果我不从天上降下火来，他就会被砍头。而你……只是在基督

徒的音乐会上讲话而已。"

接着，我又想起了很多我喜爱的圣经故事。纵观整本圣经，上帝总是在他的跟从者为了他的缘故而冒险的时候显现。当以利亚叫了几百个异教的先知来见证唯一的真神的时候，上帝显现了他的大能（王上18章）；当沙得拉、米煞、亚伯尼歌拒绝拜国王的偶像，被扔进烈火的窑中，发现另有一个人站在他们旁边，救他们脱离了烈火的炙烤（但3章）；当司提反因为宣扬基督而要被众人用石头打死的那一刻，他见到了耶稣！

> 众人听见这话，就极其恼怒，向司提反咬牙切齿。但司提反被圣灵充满，定睛望天，看见神的荣耀，又看见耶稣站在神的右边，就说："我看见天开了，人子站在神的右边！"（徒7:54-56）

上帝在战场上神秘而大能地显现，是有一定模式可以遵循的。

这世上最美的时刻莫过于亲身经历上帝超自然作为的那一刹那，我被感动落泪、浑身颤抖、满心敬畏，再没有什么能与这样的经历相比的了。人与人之间固然也有美善的时候，却无法同遇见上帝相比。到战场上去吧，别怕冒险，你也会经历到他的。

理由三：有人正在死去

就在你读这句话的时候，四个人死了。每秒平均有两个人死去，一天就是 155000 个人，其中只有一少部分去了天堂（太 7:13-14）。这让我感到压抑、震惊，只有否认或忽视这个事实，才能暂时逃避它所带来的痛苦。

使徒保罗说自己"大有忧愁，心里时常伤痛"（罗 9:2）。他的措辞非常强烈："心里时常伤痛。"他知道那些不相信耶稣的人的命运，并为此感到非常痛苦。《使徒行传》记载了保罗不计代价、尽其所能地向每一个人传福音，他的生活反映了他的信仰。虽然我们很多人都说自己同保罗有一样的信仰，但在生活上却没有体现。

如果我们相信有数以十亿计的人正在死去，走向上帝的审判，我们会因此把传福音——而不是其他任何事情——作为生活的中心吗？别被这数字吓坏，做好你的那一份工作。也许你不能让这个数字明显变小，但是对于你伸手拉住的那些人来说，你将会给他们的生命带去永恒的影响。

我小的时候，青少年团契的牧师问我们："如果我们团契里的每个人都像你一样，我们这个团契会是什么样的呢？"这是思想自己的责任的一个很好的方式。当然，我们都是独特的，每个人都有不同的恩赐；但是你明白我的意思，如果每个信徒分享福音的频率都跟你一样，那么有多少人能听到福音呢？如果每个人的奉献比例都跟你一样，那么我们能有多少钱给穷人呢？

你想知道在此刻有多少孩子无家可归、沦为奴隶、落入人贩子之手、被强奸或者活活饿死吗？只要上网搜索一下就知道了。有很多工作要做，很多人都生活在绝望之中——在精神上和肉体上，我们不能无视他们的呼求。有的时候，我想象自己是在非洲，跟家人生活在恐慌之中，不顾一切地要得到食物和水；我还想，如果我在非洲，我对那些美国的"基督徒"会是什么态度？如果我看到他们的生活方式，听到他们抱怨拥有的不够，会有什么感受？

设想有一家四口住在印度，他们家里原来有五口人，其中一个女儿被卖做奴隶，好叫一家人能够再多挨一个月。想想他们看到你的日常生活，会对你的基督徒的爱做何感想？

耶稣说，第二条最大的诫命就是"要爱人如己"。别说非洲和印度的邻舍了，你这样爱过你隔壁的邻居吗？要记住，耶稣说这是仅次于爱神的、第二要紧的事（可 12:31）。

> 主为我们舍命，我们从此就知道何为爱，
> 我们也当为弟兄舍命。凡有世上财物的，看见

弟兄缺乏，却塞住怜恤的心，爱神的心怎能存在他里面呢？小子们哪，我们相爱，不要只在言语和舌头上，总要在行为和诚实上。（约壹3:16-18）

来看看下面这个基督徒的见证，背景是大屠杀时期的德国：

"发生在犹太人身上的故事不时传入我们耳中，可我们努力不让自己卷入其中，我们能做什么呢？我们的小教堂后面有一条铁轨，每个星期天早晨，我们都能听到远处传来的汽笛的声音，接着就是火车轰隆隆地驶过。火车经过时，常能听到哭叫的声音，这让我们不安。我们意识到火车里载着的是犹太人，他们就像牛一样被拉去屠宰。

一周又一周，汽笛就这样响着，听到车轮轰隆隆的声音让我们害怕，因为我们知道将会听到犹太人的哭喊，他们正在被拉去屠杀的路上。他们的尖叫声折磨着我们，我们知道火车经过的时间，听到汽笛鸣响的时候，我们就开始唱赞美诗，等到火车经过的时候，就用最大的声音使劲地唱。如果我们还能听到哭叫声，就唱得再响亮些，过不了一会儿，哭叫声就听不见了。

这么多年过去了，我在睡梦中还常常能听到火车鸣笛的声音。上帝啊，请原谅我，原谅我们所有这些自称是基督徒却什么事都没有做的人。"①

听到这样的故事，我们很容易义愤填膺。那些基督徒听到有人哭叫，却用唱赞美诗的声音淹没哭叫的声音，这简直令人作呕。但如果换了是你，你又会怎么做呢？审视一下你自己的生活，如果你处在当时的情况下，真能够挺身而出做些什么吗？如果别人都在唱，你难道不会也跟着唱吗？

我扪心自问，我不确定我到底会怎么做，但是我知道自己想成为什么样的人。我们不都想成为那样的人吗？——在压力面前，能够勇敢地站起来说："我不能再这样生活了！我不能再随波逐流，装作什么事都没有发生了！"

对于过去发生的人和事，批评起来很容易，我们可以

---

① 引自 W. Lutzer, *When a Nation Forgets God: 7 Lessons We Must Learn from Nazi Germany* (Chicago: Moody Publishers, 2010), 21 - 22 页。

轻松地谴责那些基督徒不尽责。问题在于，我们对当今世上发生的事情会作何反应。想到地狱的存在，我们却一味地追求个人婚姻的幸福，这合乎情理吗？想到当今世界的痛苦，我们对时间和钱财的运用合乎情理吗？

理由四：你为这使命而造

上帝造你是有目的的，就像一个烤面包机、交通灯或航空母舰。上帝把你设计成特别的样子，是为了一个特别的目的。

> 我们原是他的工作，在基督耶稣里造成的，
> 为要叫我们行善，就是神所预备叫我们行的。
> （弗 2:10）

上帝"事先"就为你设定了道路。上帝告诉先知耶利米，早在他出生之前，他的道路就已经设定了。

> 我未将你造在腹中，我已晓得你；你未出
> 母胎，我已分别你为圣；我已派你作列国的先
> 知。（耶 1:5）

你跟世上其他人都不一样，这是有原因的。你拥有超

自然的恩赐可以用来服侍教会。你若说自己没用或没有天分，就是在说上帝失败了。

> 圣灵显在各人身上，是叫人得益处……这一切都是这位圣灵所运行、随己意分给各人的。
>
> （林前 12:7、11）

"我没什么恩赐，只是个普通人，没什么了不起"，我从前以为说这样的话能表明我很谦卑。通过对圣经的深入研究，我现在确信，这不是谦卑，而是缺乏信心。**上帝的圣灵**赐能力给我！我为什么要贬低自己呢？如果耶稣在我里面活着，上帝的灵又赐能力给我，我难道不应该大有能力吗？敌人对你说的任何不一样的话，都不要相信。如果你是基督的追随者，你就被神圣的能力所充满。当你用你的恩赐为教会服务时，上帝的灵就会释放能力给你。

我在讲完道之后通常都很喜乐，在使用恩赐坚固教会的时候，我经历了跟圣灵的独特的交通；这就是我存在的原因。

人的一生总会有这样的时候，让我们不由得想：**这不可能就是人生的全部**。你明明已经整日事务缠身，但你的每一个细胞都在告诉你，上帝造你还有更大的用途。生活也许过得热热闹闹，各种关系也都融洽，但是你知道你错失了什么更重要的东西，感到自己被造还有更大的目的。你想经历跟上帝更深层次的交通，想切实感到圣灵超自然的能力在你里面流淌；你想要触摸上帝，而不仅仅是跟他交谈。

你渴望更加认识上帝，不是仅仅停留在知识层面，而是要亲身经历。这样的认识只有在执行他的使命的过程中才能获得；在你带领人进入上帝的国度的时候，他的爱与能力就会从你里面流出，流向众人。这种经历美妙至极，而执行上帝的使命是获得它的唯一方式。

有人年纪越大，就感到越恐慌。他们回顾过去，发现自己很少经历到上帝，也很少为他的国度做些什么，因而不敢面对上帝，知道自己把时间和钱财都花在自己身上了。我之前曾遇到过这样的人，他们因为意识到这一点而背上包袱，整天郁郁寡欢，什么事都做不了。上帝并不想你变成这样，他希望老年人也能够改变——尽管人们常说这是不可能的。老年人愿意悔改，将是给年轻人树立的良好的榜样。老年人应当勇于承认自己从前活得太自私了，没有为上帝的国度尽一份力，应当勇于改变，从现在起为永生而活，应当劝诫年轻的信徒不要重蹈自己的覆辙。

随着年纪的增长，我们应当一天比一天更兴奋。我们可以坦然面对过去，知道自己完成了在地上的使命，正如耶稣所说的："我在地上已经荣耀你，你所托付我的事，我已成全了。"（约 17:4）还有保罗，他在给提摩太写下下面这段话的时候，一定是高兴得不得了。你能想象你自己有一天也能说出同样的话吗？

> 你却要凡事谨慎，忍受苦难，做传道的工夫，尽你的职分。我现在被浇奠，我离世的时候到了。那美好的仗我已经打过了，当跑的路我已经跑尽了，所信的道我已经守住了。从此以后，有公义的冠冕为我存留，就是按着公义审判的主到了那日要赐给我的；不但赐给我，也赐给凡爱慕他显现的人。（提后 4:5-8）

保罗在这里告诉年轻的提摩太，不管苦难有多少，都要专注于使命。作为一名长者，保罗向提摩太保证这样做是值得的；因为有一天，他也会来到保罗现在所处的位置。保罗的人生即将谢幕，他知道自己完成了这场比赛。他做了在地上当做的事，准备前往天堂领受奖赏。

好好感受一下保罗当时的心情，那种无比喜悦的心情。虽然他从前是亵渎上帝的，但是后来忠心跟随基督（提前 1:12-16）。他完成了在地上的使命，哪怕被鞭打、遭囚禁、受试探，也在所不惜。现在，他在地上的旅程就要结束，正等着领受奖赏。在那一刻，哪一个正常人不愿意跟保罗换换位置呢？能够在生命末了说这样的话，你还想要什么呢？

你的生命是朝着这个方向行进吗？

理由五：这使命能带来财务安全

拥有财务安全不是件坏事，但是这要看你到哪里去寻找这种安全感。大多数人说起财务安全，他们指的是能够确保自己会得到一笔丰厚的退休金。然而耶稣指的是将时间、财富、恩赐等都投入到上帝的国度里，相信天父会供应我们的需要。

> 所以，不要忧虑说："吃什么？喝什么？穿什么？"这都是外邦人所求的。你们需用的这一切东西，你们的天父是知道的。你们要先求他的国和他的义，这些东西都要加给你们了。（太6:31-33）

上帝应许会看顾我们。他晓得我们的需要，**如果我们先求他的国和他的义**，他应许会供应我们的一切所需。根据这个应许，如果我专注于推动上帝的国度，我的日常所需就有保障。

问题是，对于我们大多数人来说，上帝所应许的并不足够。作为美国人，如果上帝只供应了我们的生活必需品，我们就会对上帝发怒。这种情况我见得很多，人们质疑上帝的存在，因为他们所拥有的只比所需要的稍微多了一点点。

我们生活在一个奢侈之地。政府已经答应给我们基本的供给，因此上帝的这个应许对于现在的美国来说似乎并不十分需要。虽然我们相信，如果政府不能兑现承诺，上帝会供应我们的需要，但是这样的应许还是显得单薄了些。上帝应许会满足我们的需要，但我们对此并不满足，我们希望上帝能保证我们有一定的生活水平。

但是对于那些懂得知足的人来说，这是一个极大的应许。如果你同意保罗所说的"只要有衣有食，就当知足"（提前 6:8），你永远都不会有什么可担心的了。

我们知道如果我们寻求他的国度，我们就会过得很好。上帝知道我们的需要，并会适时地给以满足。我们有的吃，但是也许不能外出就餐；我们有衣服穿，但是也许搭配得不好；我们有水喝，但是也许不是瓶装水。对于知足的人来说，这是一个极大的应许，能拿走所有的压力。你永远不知道我们的国家和经济会怎么样，但是寻求上帝国度的人永远都有保障。

我看到有太多人都在建立自己的国度，他们可能因此而拥有更大的房子、更好的车、更好的食物。这个可能性是有的，但他们什么都得靠自己，他们为此付出的代价是：忘记了他们有一位无论境况如何都会供应他们需要的上帝。然而，对于那些先求他的国的人来说，我们永远都不必忧虑。上帝总会供应我们的需要，我们都等不及看他会给我们些什么。丽莎和我的一些最美好的回忆就是看到上帝成就了他的应许。

理由六：这是通往幸福婚姻的道路

老实说，丽莎和我没什么共同点。我喜欢运动，她不喜欢；她喜欢逛商场，我不喜欢；她喜欢唱歌，我唱歌像驴叫；我喜欢古怪的亚洲食物，她认为那些东西有点儿吓人；我喜欢冲浪，她根本不下海；她喜欢正面讨论问题，我喜欢反讽。我们只有一个共同点：她爱耶稣，我爱耶稣。这就够了。

是对耶稣的共同的爱把我们连在一起，特别是对他所赐的使命的热爱。我们俩都喜欢帮助人认罪悔改，转向耶稣，被圣灵充满。我喜欢看着丽莎跟人分享信仰，对年轻妇女进行门徒训练，照顾穷人和儿童。这听上去也许有点古怪，但是看着丽莎服侍，让我觉得她特有魅力。她喜欢我放胆传讲上帝的信息，甚至在别人不喜欢的时候，她仍然鼓励我去事奉。她保证会照顾好孩子，让我放心地去讲道和服侍。

我们喜欢一同奔赴使命，事实上，正是在我们忽视使命而只想着自己的私欲的时候，我俩才会起争执；同赴使命让我俩更加亲密。

> 只要你们行事为人与基督的福音相称，叫
> 我或来见你们，或不在你们那里，可以听见你
> 们的景况，知道你们同有一个心志，站立得稳，
> 为所信的福音齐心努力。（腓 1:27）

保罗对腓立比人的愿望，也是我们对婚姻的愿望。我们希望能"同有一个心志"，"为所信的福音齐心努力"。我俩是一个团队，一起事奉，一起取胜。老实说，我们并没有特意花时间去使我们合一，合一是我们共同事工的结果，是服侍主的一个副产品。

如果你参加过短宣旅程，你可能经历过我说的这种感受。短宣的旅伴常常是十足的陌生人，你环顾四周，发现你跟其他人根本没什么共同点；但是在短宣结束时，你们之间会形成一种联结。这联结并非你们刻意所为，而是在你们专注于使命的时候自然形成的，是使命把你们连在了一起。

运动队也是一个很好的例子，队员们在获胜之后总会高兴地拥抱在一起。只要他们都专注于胜利，就会维持合

一。他们并没有手挽手去参加辅导，要变成更好的朋友。当他们专注于胜利的时候，纽带就在他们之间自然而然地形成了，婚姻和家庭也是如此。

合一，是同感一灵的两个人共同投身于使命的自然结果。

重新专注于使命，甚至能够挽救婚姻，我就见过这样的例子。我的朋友卡尔在倒计时，等儿子高中毕业、搬出家门以后，他就要离开妻子。卡尔不知道的是，妻子想的跟他一模一样。毕竟，爱已远去，儿子现在是他俩唯一的纽带。这种情况很常见，夫妻很容易把全部的关注都放在孩子身上，孩子走了，婚姻也该结束了。

但是卡尔的妻子发生了变化，上帝给了她新的使命，她忽然关心起那些陷入性行业的女孩，想方设法救她们脱离那样的生活，领她们认识耶稣。她最终建立了自己的事工，搭救并帮助那些女孩恢复生命。她的热情感染了卡尔，两人开始一起服侍。用卡尔的话讲就是，她的怜悯之心使她变得魅力无穷。他们在拥抱上帝的使命的过程中合一了。今天，他们彼此相爱，一同事奉。

理由七：上帝的使命大过你们的婚姻

很多人都想不到，自己会在这本讲婚姻的书里读到《哥林多前书》7 章的内容。毕竟，那一章经文是在说单身。但是，它所讲论的重要功课对已婚夫妇也完全适用。事实上，这段经文恐怕是我们写这本书的最大的动力。在《以弗所书》里，保罗曾命令做丈夫的要爱他们的妻子；但是在这里，同一位保罗却说："那有妻子的，要像没有妻子。"（29节）什么？他的意思是说，地上的生活很短暂，自耶稣复活直到他再来之前，这段时间充满了紧迫感，我们都蒙上帝呼召，这呼召大过我们的婚姻。寻求他的国必须成为我们的首要任务，如果我们不谨慎，婚姻也可能成为一种障碍。

> 弟兄们，我对你们说，时候减少了。从此以后，那有妻子的，要像没有妻子；哀哭的，要像不哀哭；快乐的，要像不快乐；置买的，要像无有所得；用世物的，要像不用世物；因为这世界的样子将要过去了。
>
> 我愿你们无所挂虑。没有娶妻的，是为主的事挂虑，想怎样叫主喜悦；娶了妻的，是为世上的事挂虑，想怎样叫妻子喜悦。妇人和处女也有分别。没有出嫁的，是为主的事挂虑，要身体、灵魂都圣洁；已经出嫁的，是为世上的事挂虑，想怎样叫丈夫喜悦。我说这话是为你们的益处，不是要牢笼你们，乃是要叫你们

行合宜的事，得以殷勤服侍主，没有分心的事。

（林前 7:29-35）

最后一节经文是整段经文的关键，也是人生的关键。我们大家都应当努力"殷勤服侍主，没有分心的事"。我们不能让婚姻使我们分心，要全心全意地回应那更高的呼召。在 34 节里，保罗说得很清楚：不健康的婚姻能使我们的眼睛离开耶稣，而转向彼此；结果我们只顾着讨彼此的欢心，而不是讨耶稣的喜悦。婚姻能使我们的"兴趣分散"（34节），而我们的目标原本应当是"殷勤服侍主，没有分心的事"（35 节）。

婚姻状况好的时候，我们有可能只顾着彼此恩爱，跟耶稣相处的时间反而少了；婚姻状况不好的时候，我们又容易沉溺于伤痛，不能全心全意地去爱耶稣。丽莎和我有很多朋友，他们的婚姻从很多方面看都很"美满"，但是这似乎牵扯了他们的精力，反而无法去追逐使命了。如果你过于专注于家庭而不能去带领门徒、照顾穷人、寻找失丧的、使用恩赐和资源去服侍他人，你真能称你的婚姻是"美满"吗？健康的夫妻关系对于完成使命固然重要，但我们要小心，不要沉湎于小家庭之中。甚至好的东西也可以变成偶像（罗 1:25）。我们的目标是"殷勤服侍主，没有分心的事"，不要让恩爱或纷争分了你的心，要专注于上帝的愿望和使命。

这并不是说婚姻永远是一件分心的事。保罗也曾说婚姻能帮助我们更好地完成使命，对有些人来说，结婚恰恰使他们远离了分心的事。在之前的经文里，保罗解释说在有些情况下，婚姻能够使我们远离不必要的性引诱（林前7:1-5）。不要忘记婚姻原是件美事；它出于上帝的设计。上帝在伊甸园里就设立了婚姻，那时候罪还没有进入世界。婚姻确实能让两个人取得独自一人无法取得的成就（创2:18-25）。

但是就像所有的好东西一样，婚姻也可以被撒但用来做坏事。而且，可悲的是，我相信这已经在如今的教会里成了惯例——以婚姻为中心的婚姻已广为接受和称赞，大家似乎已经忘了婚姻的中心应当是基督。

在教会的圈子里，我们经常能听到"上帝第一，家庭第二"的说法。虽然我们常把这话挂在嘴上，我却看不到这对任何人有什么切实的影响。好好想想吧，如果你的观念已经变成了"家庭第一"该怎么办？有哪些行为你真的要改改了？

理由八：基督再来的盼望激励着我们

我本想在这里跟大家探讨《马太福音》24 至 25 章的内容，但也许把它们留给你们自己看更好。真的，拿起圣经好好看看这两个重要的章节。边阅读，边祷告，看看耶稣的再来究竟会对你今天的生活有什么影响，去得出你自己的结论吧。

操练，以达到目标（丽莎著）

从小到大，我一直盼望做一个妻子和母亲。我的目标就是嫁一个基督徒（我倒没想过会嫁给一个牧师），养几个小基督徒。说真的，我的理想就是这些。这个愿望原也没错。很明显，上帝不想让我嫁给一个非信徒，而且孩子永远都是一个祝福。但是我没有意识到，我把这个目标抬得过高了，高过了我作为一个上帝儿女的本分。我把很多精力都放在怎么做一个好妻子、好妈妈上面，反而忽视了怎么做一个上帝的好儿女。

老实说，我从前从来没有认真求问过上帝，问问**他**想让我干什么。我就好像是开启了自动驾驶的模式，盲目地跟从我自己的假设，不知道自己在地上的真正目的。很明显嘛，上帝希望我好好爱丈夫，好好教育子女；但若不是为了完成上帝的旨意，**在任何事情**上过度重视，都会变成一种危险。

你不只是一个配偶，也不只是一个母亲，你在上帝的国度里扮演着一个独特的角色，他有重要的工作要你去做，他在你还没出生之前就已经计划好了。

我们原是他的工作，在基督耶稣里造成的，

为要叫我们行善，就是神所预备叫我们行的。

（弗 2:10）

你去把这节经文读上几遍，如果我们不积极追求上帝从起初就为我们设定的善行，岂不是太傻了吗？倒不是说这个宇宙离了你就不转了，但是上帝**邀请**我们来参与他的国度的工作；如果不接受这个邀请，**你**将会错过上帝的很多祝福。我从前就是这样，直到我认识到，上帝还有更大的事要我去做，远不只是局限在我自己的小世界里。

这么说不是想让你忽视你的丈夫或孩子，我完全没有这个意思；我是想让你知道，在你的小世界之外，还有一个更广大的世界。我这话可能说得有点重，你别在意，其实我自己以前就是躲在那个小世界里面！小世界被打破后，我受到了一些刺激，可是也得到了释放。对于另一些人，他们的问题可能不是躲在小世界里，而是那个老问题——对于家庭的"崇拜"。我希望你认真地问问自己：我的时间，更多是花在了做一个好配偶、好父母上面，还是做一个敬虔的人上面？

下面两种想法的差别，能够说明我的意思：第一种想法是"我今天要带孩子去公园，因为这能让他们开心"；

第二种则是"我打算邀请我们的新邻居跟我们一起去公园，因为这不光能让孩子高兴，还可以让我接触一下我的新邻居，让她知道如果有什么事可以来找我帮忙"。

这也是两种生活之间的差别。第一种是按着自己的日程表去度过每一天；第二种是花时间与耶稣在一起，求他向你显明，谁是他想让你去爱的人，什么是他想让你去满足的需要。这两种生活之间的差别，看上去很简单，实际上非常大。

在工作中，你很自然地知道，你的目标是完成上司给你的任务。如果你确实不知道哪项工作更重要或是更着急，你就会找你的上司去问。

作为信徒，耶稣是我们的主，也是我们的老师，可我们却忽视了他叫我们去做的许多事情。每当这个时候，耶稣就会问："你们为什么称呼我'主啊，主啊，'却不遵我的话行呢？"（路 6:46）

说起任务，我的脑子里就会出现一幅运动员的画面。尽管我很不擅长体育，可是我一直**很喜欢**观看体操和滑冰（很女孩气，我知道）。我常想这些运动员要经过多少努力，才能取得那么大的成就。他们真了不起！他们的整个身心都献给了所从事的运动。看看他们的访谈节目，你就会知道他们的牺牲有多大。他们必须放弃一些东西，有时甚至是恋爱关系，好投入大量的时间进行训练。他们的生活有一个清晰的目标：完成自己的**任务**。

我们也要那样去生活：

> 岂不知在场上赛跑的都跑，但得奖赏的只有一人？你们也当这样跑，好叫你们得着奖赏，凡较力争胜的，诸事都有节制，他们不过是要得能坏的冠冕；我们却是要得不能坏的冠冕。所以，我奔跑，不像无定向的；我斗拳，不像打空气的。我是攻克己身，叫身服我，恐怕我传福音给别人，自己反被弃绝了。（林前 9:24-27）

作为基督徒，我们应当是众人当中最有节制、最有热情、最专注、最有爱心的人。我们的任务和使命，值得我们去操练、去舍己、去受苦。如果我们心意坚定，就会甘心舍命，随时准备放弃所有的一切，只为完成基督所托付的使命。

我们不能漫无目的地随意生活，各人过着自己的日子。不管其他人怎么样，我们每个人都有责任荣耀上帝，跑那当跑的路程。但是我们也必须面对现实：婚姻是一个团队的工作。当夫妻二人都心系使命的时候，婚姻的状况就会很好；如果其中一个人懒散懈怠，情况就可能会变糟。

这是为什么保罗的体育竞赛的比喻是那么的有力。也许你必须付出额外的努力，也许你必须练得更加辛苦；但既然参加了比赛，既然心意已定，就要坚持到底。谁在意舒不舒适？谁在意满身臭汗？一个真正的信徒永不言弃。也许其他人不在意"攻克己身"，也许你的努力无法在这世上得到奖赏，但是你会付出一切，一心冲过终点。

我经常告诉和我一样做妻子的人，我**不想**在走完人生之旅站在上帝面前的时候，听到他对我说："你为什么牵绊你丈夫，不让他做我所呼召他做的那些事情呢?"那会使我崩溃！而且我也不想因为觉得自己什么事都应付不了，就总让恩藩把我捧在手心里，凡事为我操心，不能努力去做他该做的事情。上帝是可信靠的，他能够供应我们**所有**的需要。如果你专注于他的使命，他不仅会满足你的需要，还会恩上加恩，让你看到他动工、运行、改变生命。到时候你就会**十分**地庆幸，心想：如果当初我拼命要让女儿待在那所学校，或是由于害怕对儿子造成什么影响，又或是因为我过于自私，我可能就会错过这些祝福。

如果我们能诚实地面对自己，就会承认，其实很多时候我们都不愿意努力去追随基督，不愿意花时间操练，好使我们的生命和婚姻都能够专注于上帝的使命；但是，若不付出努力，投入更多时间，我们怎么能达到终点呢？

在敬虔上操练自己。操练身体，益处还少；

惟独敬虔，凡事都有益处，因有今生和来生的应许。这话是可信的，是十分可佩服的。（提前 4:7-9）

我很喜欢这样简单明了的经文，敬虔的生活和婚姻不会自动发生，属灵的肌肉要常常去操练，属神的心要常常去激励。保罗发出这样的命令，不仅是为了使我们经过操练而变得敬虔，他紧接着又说，"我们劳苦努力，正是为此"（10 节）。敬虔的操练是一个持续的功课，保罗就曾这样提醒腓立比人："就当恐惧战兢，**做成**你们得救的工夫。"（腓 2:12）保罗要他们努力，不是为了能够**得救**（那是上帝的礼物），而是要做成他们得救的**工夫**。接着，保罗又说明了他们努力的原因："因为你们立志行事，都是神在你们心里运行，为要成就他的美意。"（13 节）

我可以作见证，为使命奔波远比贪享安逸更有吸引力。是的，有时候我也想追求"普通"的生活，也想自私一下，不那么费心地去猜想上帝的心意；但是已经太迟了，一旦你经历了真正的生命，就无法再回头了！

大卫鼓励我们"要尝尝主恩的滋味，便知道他是美善"（诗 34:8）。这正是我所经历的，我尝到了顺服上帝的滋味，尝到、也见到了他对别人的爱。当他把那样的爱也放在你心里面的时候，你就会感到从前的生活真是浅薄又无趣。

这甘美的滋味使我的脚步更加坚定，紧紧追随着他，再也不想回到从前，无论什么也不回头了。

这些愿望是我在为使命而活之后才有的，并不是一开始就有了。一开始我的愿望很简单，就是**不要错过上帝**。我清楚地记得，当时我坐在飞机上，望着窗外无尽的天空，向上帝祈祷，问他对我的家庭有什么安排。一想到我们可能会整天为自己的生活而忙碌，就让我感到不知所措——我们可能会完全错过上帝的计划。顺服上帝的想法让我感到有点害怕，但是想到不顺服上帝又可能会错过他的祝福，让我感到更害怕。

> 所以我说，且在主里确实地说，你们行事，不要再像外邦人存虚妄的心行事。他们心地昏昧，与神所赐的生命隔绝了，都因自己无知、心里刚硬；良心既然丧尽，就放纵私欲，贪行种种的污秽。你们学了基督，却不是这样。如果你们听过他的道，领了他的教，学了他的真理，就要脱去你们从前行为上的旧人，这旧人是因私欲的迷惑渐渐变坏的。又要将你们的心志改换一新，并且穿上新人，这新人是照着神的形像造的，有真理的仁义和圣洁。（弗 4:17-24）

不信的人的生活是自私、贪婪、放纵、无度的。

属基督的人要担负使命，他们会抛开从前陈旧败坏的生活方式，穿上全新的自我！为使命而活，意味的就是我们要放下牵绊我们的那些东西。

> 就当放下各样的重担，脱去容易缠累我们的罪，存心忍耐，奔那摆在我们前头的路程……（来 12:1）

我又想起了那些为体育而献身的运动员，他们在众人面前只穿着内衣般的运动服，以便尽可能地不受阻碍。衣服上有丝毫臃肿的地方都会降低他们的速度，所以，他们除去了所有的缠累。

现在，有什么罪正阻碍着你？有什么缠累了你，让你无法好好奔跑这路程？或者有什么未必是罪、却使你分心的东西？

定睛于耶稣，意味着我们不再盯着其他任何东西看了。电视？ YouTube？网络购物？家庭？我们这一生都必须有意识地去选择，才能够专注于使命。

我记得那是在一月份。有一天恩藩向全家人发起一个挑战，要我们在那几个月里花在看电视和读圣经上的时间要相等。我们读 30 分钟圣经，就可以看 30 分钟电视。我真希望我能告诉你我们立即对此表示支持，但实际情况并非如此。我们之前就已经取消了有线电视，所以我觉得我们就看看奈飞[①]的节目实在算不了什么。要放弃"自由"总是让人有点不舒服，但是也没有什么好争辩的。训练自己，把上帝原本配得的都归给他，这是件美事。（他配得的可比这要多得多！）

正是这样的操练预备了我们——包括我们的孩子——使我们能够专注于在地上的使命。上帝的确给了我们很多自由，但正如彼得所提醒的，我们要明白这自由是用来做什么的，他说："你们虽是自由的，却不可藉着自由遮盖恶毒，总要作神的仆人。"（彼前 2:16）

我有幸见到过一些信徒，他们是上帝的好仆人。我记得有一位女士，她为自己花在看杂志上的时间太多而深感自责，于是她退订了所有的杂志，以便专心服侍主；我想起了我的朋友简，她一句电影台词都说不上来，因为她已经十五年没看过一场电影了，但她却能够引用很多很多的圣经经文，常常以此来祝福劝勉跟她学习的那些女士们；我想起了我们认识的一对年轻夫妇，他们本来有能力在一个安静、也相对安全的社区里购买房屋，却选择住进了城里的贫民区，在那里去爱上帝放在他们身边的人，对那些人进行门徒训练；我想起了一对夫妇，他们有三个孩子，

———————————————

① 　奈飞（Netflix）：国外的一家在线影片租赁提供商。——译注

挤在一个两居室的公寓里，却对一位需要戒毒的女士开放了自己的家；我想起了偶然遇到的一对夫妇，他们收养了好几个有特殊需要的孤儿。这些人诚实、仁爱、喜乐，如金子般闪闪发光。

能见证这些为使命而活的上帝的子民是我的荣幸。他们践行福音的真理，为我们树立了好榜样，也提醒着我敬虔的操练是多么有意义。

如果我们的委身，在冷淡的人眼中不是古怪或出格的，我们倒要看看我们的生活是不是出问题了。在大多数人看来，肩负使命的信徒多少都是有点疯狂的，正如那些拼命训练的运动员在我们眼中是疯狂的一样。你生命中有哪些事表明你不是为这个世界而活呢？

我小的时候，我们家就总是做一些不寻常的事。我们会去沙漠里露营，在人迹罕至的荒野待上几天。我们在那里不能洗澡，只能用一个简易的厕所来解决内急的问题。做饭嘛，就是一个煤气喷灯。到了晚上，我们就躺在沙丘上仰望星空，满天的繁星好像一伸手就够得到，真是美得叫人窒息！那样的旅行给我留下了美好的回忆。

但是几天后，我们头发里的味道叫我们窒息了！在沙漠里整天风吹日晒，满头满脸都是灰尘，我们的样子可够"好看"的。在回家的路上，我们停下来吃午饭的时候，总会招来旁人异样的眼光。回家之后，我们总要好好洗个热水澡——那感觉真是美妙极了——然后，换上干净的睡衣，一头躺倒在**自己的床上**，回家的感觉真好！露营回来之后的那几个晚上，我们总是睡得格外香甜。

我们在地上的生活跟露营是多么相似啊，我们就是在露营！人生就是一次七八十年的露营之旅，难道不是吗？

这世界不是我们的家，虽然从某种意义上说，我们在这里也很开心自在；但只有回到自己真正的家，我们才能得着真正的安慰。我们这一生与罪争战，一路风尘，到那一刻就可以洁净如新了。我们穿戴起公义的衣裳，在耶稣的怀抱里得享安息。

如果看到有人开着豪车，带着组合房屋的板材，穿着光鲜亮丽的衣服，拿着一盆盆的鲜花，带着他们的私人大厨出现在我们的营地，那景象一定够可笑的。那不是露营，露营是一次**短暂**的旅行；你只要有必需品就足够了，而不需要建造一个华美舒适的家。因为你早知道你的大部分时间将会用来去探险，你要把大家都召集起来，带上装备，然后**上路**。

我很确定，如果我生命里没有恩藩而单靠我自己，我这辈子不会这么专注于使命。如果不是上帝让恩藩跟我在一起，真不敢想我生活的焦点会是什么。恩藩是我所认识的最具有专注力的人，感谢上帝让我能嫁给他。我们约会的时候，我就发现恩藩是个敬畏上帝的人，在跟随基督的事情上非常严肃，对圣经的理解也很深刻，这些都让我十分钦佩。同时，他也是个幽默的人，这更让我想要陪在他身边。

结婚之后，我仍然很欣赏他的这些特点，但是有时会感到自己被他束缚住了！他想问题的方式跟我的截然不同，有时候，他的特长会让我感觉自己在属灵上很失败。二十年之后再回头看那些事情，不禁令我哑然失笑，意识到自己是多么地以自我为中心，甚至对于属灵成长的事都会计较。当时我常常会想：为什么我就不能想到这些呢？这是不是意味着他不在乎我？这又不是我的主意，为什么要我做出牺牲？我们就不能像别人那样生活吗？

但是感谢主，我在信心上越长进，我丈夫做家里的"头"做得越多，我就越经历到自由、喜乐和平安。有这样一个"将万事当作有损的，因我以认识我主基督耶稣为至宝"（腓 3:8）的人陪在我身边，是我收到的来自地上的最大礼物。

有时候，这样的生活感觉上很"陌生"，其实这只是因为做得还不够。只要我们立定心志，为使命而活，一路走来就会发现一切都变得越来越熟悉。头几步可能迈得摇摇晃晃，对发生的改变还不适应，但你逐渐就会跟上节奏，感觉又舒服又美妙。虽然在前进的路上还会有拦阻（或试探），你会发现自己绝不想退缩，因为你不想错过上帝的祝福，这祝福在你定睛于基督的时候就加给你了。

小结：说得够多了

> 主人说："好！你这又良善又忠心的仆人，你在不多的事上有忠心，我要把许多事派你管理；可以进来享受你主人的快乐。"（太 25:21）

还有什么比听到上帝对你说"做得好！"更让你向往的吗？不是"说得好"或"想得好"，而是"**做**得好"。去做些什么吧，今天就去使用你的知识、才能和财产吧，有个使命正等着你去完成。

行动建议

使命始终摆在我们面前，那就是：使人作耶稣的门徒。也许你很忙碌，也许你过于专注于家庭，也许你只顾着满足自己的愿望。但是这些都不能否定使命，只表明你忽视了它。是时候重新专注于使命了，事实上，这将涉及你的生活的每个方面。下面的建议只是抛砖引玉，你尽可以根据自己的情况，找到适合自己的方法；重要的是，别停下来。

评估一下你对使命的追求

★ 跟配偶坐下来，坦诚地评估一下你对上帝交给你的使命有多投入。

★ 你生活中有哪些方面能够显示，你很在意上帝交给你的使命？

★ 你生活中有哪些方面显示，你根本没有听从上帝要你带领门徒的命令？

★ 切合实际地想一想，你的生活需要做出怎样的改变，好叫"带领门徒"成为你生活的中心？

立即采取行动

★ 要遵守这个命令，你的生活需要做出彻底的改变，但你也需要立即做些事情，你不能总是拖延着不去执行上帝的使命。

★ 跟你的配偶（或许是全家人）一起做个决定，让你们能够重新专注于上帝的使命，以某种方式去服侍别人。

这些方式可以包括：

如果你知道有谁吃不上饭或者需要钱用，赶紧去帮助他们；如果你知道有谁需要鼓励，一家人开动脑筋，想个好办法去鼓励那人；如果你的教会有这样的机会，赶紧介入。

搁置（至少是暂时搁置）一些也许并不坏、可是却使你们分心的东西，比如电视、购物、业余爱好，等等。

跟你的牧师谈谈，看你们教会在完成上帝的使命方面，都在做些什么事情，看看你能够做些什么（如果你现在还没有加入一个教会，赶紧加入吧）。

主动找一个你可以带领的门徒，或是可以带领你的门徒谈谈。这听上去有点难度，但是这事很重要。如果你不知道该去找谁，就上 multiplymovement.com 网站去看看，我们放了很多资料在那里。

第五章　我们的盼望在哪里？

从上帝的应许里看婚姻

"我跟你说过！我跟你说过这是值得的！这真令人难以置信！"

有一天，我在天堂里见到丽莎和孩子们的时候，我要这样向他们大喊。那时候，他们不再是我的妻子和孩子了，但我们对彼此的爱却更加深厚。我想象着自己看着他们的眼睛，对他们说："我跟你们说过，他一定能行！我早知道他一定会谨守承诺。我早知道每一个牺牲都是值得的。这太好了！他太伟大了！"

这对我来说就是完美的结局，是我心目中的"幸福直到永远"。所以，我现在就回过头来行事——我今天该做点什么，以确保我的故事能有那样的结局？我们做决定都应该像这样才行。设想一下，你死后站在上帝面前，回头看你在地上的生活。在那一刻，有什么会让你感到遗憾？有什么会被你视为珍宝？现在，以此为基础来做决定，你的生活会是什么样子？

我们相信耶稣，就可以确定自己会上天堂，但是上帝还要给我们更多祝福——他应许要对我们在爱里为了他的国度所做的牺牲给以奖赏（可 10:28-30）；事实上，如果不信他会奖赏，我们就不能取悦上帝。

> 人非有信，就不能得神的喜悦；因为到神面前来的人，必须信有神，且信他赏赐那寻求他的人。（来 11:6）

我过去认为，通过服侍上帝来赢取赏赐是错误的。毕竟，我们难道不应该因他为我们所做的一切而甘心去服侍他吗？难道他的赏赐不是已经远远超过我们所配得的了吗？是的，当然是。不过，我们也不要忘记耶稣曾经教导我们："要积攒财宝在天上"（太 6:20）；事实上，整本新约都在教导我们，服侍上帝将会得到奖赏。

你有时间的话，可以对"奖赏"的问题做些研究，新约里面提到奖赏的次数远比你想的要多。你要是现在就想开始研究的话，可以参看下面一些经文：林前 3:10-15；林后 4:17-18；可 9:38-50，10:28-30；太 5:1-12，6:1-8、16-

21，10:40-42；路 6:20-36；西 3:23-25；启 11:16-18。

这些祝福实际上可以避免我们自以为义，它使我们把注意力从**我们**的牺牲上拿开，放在了**他**的慷慨上面。永生的意义并不在于"看我做出多大的牺牲"，而是"看他给了我多丰厚的赏赐"！上帝将成为关注的焦点，我们在永生里将会叹服于"他极丰富的恩典"（弗 2:7）。

上帝一定会赐下这些奖赏，他也很乐意我们去追求，所以，我们这一生就应当充满喜乐地抵挡诱惑、分享福音、照顾穷人，知道来日的奖赏远大过今日所受的苦楚。

永恒改变了一切

"我们若靠基督只在今生有指望，就算比众人更可怜。"（林前 15:19）这是真的，如果没有复活，保罗的确是很可怜。但是如果有复活，保罗就要被众人艳羡了。如果你现在见到他，你会嫉妒他的。你会想跟他换个位置，难道不是吗？保罗一生所做的牺牲为他赢得了奖赏，在过去的两千年里，他正在享用这奖赏。他对在地上所做的牺牲丝毫不感到后悔。

所以，我们不丧胆。外体虽然毁坏，内心却一天新似一天。我们这至暂至轻的苦楚，要为我们成就极重无比永远的荣耀。原来我们不是顾

念所见的，乃是顾念所不见的；因为所见的是暂时的，所不见的是永远的。（林后 4:16-18）

要关注那眼睛看不见的——永恒，不要被暂时的东西遮住了眼睛。

我们花太多时间去关注暂时的东西了，这正是撒但想让你做的：忽视现实，忽视永恒，对上帝所说的真正重要的事情表示怀疑。魔鬼用无数暂时的问题来轰炸你，他极力想让你爱上那些会朽坏的东西。他做得怎么样？

试试这个：闭上眼睛，忘掉一切暂时的事情，然后跟上帝单单谈论那些眼所不能见的永远的事情。这需要花些工夫，并且需要深思才行；但是我祈祷你能做做看，请花点时间试试吧。

期待

虽然没有任何统计数据来支持我的观点，但是根据我的经验，我敢打赌如果今天有这样的机会，95% 的美国"基督徒"不会为了跟耶稣在一起而选择离开他们的家庭。你可以为自己找出各种理由，但这还是说不过去。保罗认识到了留在地上给他周围的人传福音的重要性，但是他非常渴望跟耶稣在一起（腓 1:21-26）。如果你今天宁肯看着你的孩子长大，而不愿见到你救主的荣面，你就没有领会上帝之美。如果你担心你去了之后孩子怎么办，你就没有理解什么是上帝的供应。祈祷吧，求上帝使你能够更深入地理解他的价值和主权。要切切地祷告，直到你为要见到他的荣面而着迷欢喜。

丽莎跟我订婚的时候，我开玩笑说，我想让基督再回来，但是希望他能等到我的蜜月结束之后。我虽然不是天使，但是凭着上帝的恩典，我直到结婚还保持着童身，所以结婚之夜是我想让耶稣晚点来的理由。我是在开玩笑，但是上帝知道我心里其实就是那么想的。我认为他很重要，却不是那么重要；我想得着他，却不是我最想得着的。

总有些东西——婚姻、孩子出生、看着孩子长大、看着孙子长大——看起来更急迫、更有吸引力，影响了我们对天堂的期待。对有些人来说，对天堂缺乏热情可能是由于缺少对上帝的思念而造成的，你思念天堂的时间不够多。但是对于另一些人，对天堂没有期待植根于更深层次的问题：缺少信心。

战胜怀疑

最近有人请我讲讲上帝的信实。我这些年讲过上帝的很多属性，却从来没有特别讲过他的信实。我越研究祷告，越发现自己存在信任的问题。跟你们大家一样，我这一生听过无数谎言，也对别人说过谎。即使我说我信任某人，意思也就是百分之八十五地相信他们，百分之百相信别人的日子都已成童年的记忆。我最相信的人就是我妻子了，但对她的相信也就是百分之九十多一点……好吧，也许接近百分之百。

我年纪越大，戒心越重。我过去听到有人说谎会感到震惊，现在有人说实话反倒叫我惊讶了。你们有些人可能没有这个问题，但大多数人都有，而且我认为有这样的戒心并不一定就是错的，耶稣也有戒心。

> 当耶稣在耶路撒冷过逾越节的时候，有许多人看见他所行的神迹，就信了他的名。耶稣却不将自己交托他们，因为他知道万人；也用不着谁见证人怎样，因他知道人心里所存的。
>
> （约 2:23—25）

我们或多或少都说过谎，所以我们容易起疑心也不足为奇。我们知道自己说过谎，因此推测别人也会说谎，这就是为什么我们需要合同，因为人的话语不足以为凭。我们就生活在这样一个世界里。但是，如果我们用这种不信任的态度来对待上帝的应许，就是在犯罪了。在不知不觉中，我们对待上帝的话语就像对待人的话语一样了。

你有戒备之心吗？如果做最坏的打算，就不会感到失望。因为曾经失望，所以你拒绝让自己再受伤害，你把自己保护起来，免受失望的侵扰；但是逐渐地，你就会丧失盼望的能力。上帝不希望他的儿女这样生活，他希望我们因为心里有盼望而笑逐颜开，希望我们对天堂之事确信不疑、心里乐开了花，希望我们怀有"可夸的盼望"（来3:6）。不要让过去的谎言扼杀了上帝的应许带给你的喜乐，今天就去庆祝天堂吧。虽然人会撒谎，上帝永远不会。

> 神的仆人、耶稣基督的使徒保罗，凭着神选民的信心与敬虔真理的知识，盼望那无谎言的神在万古之先所应许的永生，到了日期，藉着传扬的工夫，把他的道显明了。这传扬的责任是按着神我们救主的命令交托了我。（多 1:1-3）

现在让我们来做个测验，给自己从 1 到 10 打个分，你今天对天堂之事有多兴奋？天堂的应许在上个星期对你的态度和行为有什么影响？

当我意识到自己怀疑上帝的应许时，我会很难过。我祈祷上帝帮助我相信，以至盼望。你还记得小时候过圣诞节时的情景吗？在平安夜你激动地无法入睡，只盼着天赶快亮起来，以便能够打开你的礼物。那样的盼望表明你毫不怀疑，我们对耶稣应该有更大的盼望，如果你没有"热切地等候他"（来 9:28），说明有什么地方可能不太对头了。求上帝使你能够去盼望，不是朦胧地希望什么事会发生的那种"盼望"，而是"如同灵魂的锚"（来 6:19）的那种盼望。要常常思想上帝的应许，求他赐给你信心。

> 所以你要知道耶和华你的神，他是神，是信实的神，向爱他、守他诫命的人守约，施慈爱直到千代。（申 7:9）

> 我们纵然失信，他仍是可信的，因为他不能背乎自己。（提后 2:13）

信实是上帝固有的属性，上帝也有些事是不能做的：他不能不信实，他不能说谎。所以，在他的应许里面**安息喜乐**吧。

若不灰心，到了时候就要收成（丽莎著）

以谦卑为特点，以使命为核心，这样的婚姻要求你全然委身，牺牲自己的利益；但也不是说要你整日劳苦，生活过得索然无味。在上帝的应许里面，也包含着祝福，它能影响我们在地上的生活，甚至能影响我们的永生。

不要自欺，神是轻慢不得的。人种的是什么，收的也是什么。顺着情欲撒种的，必从情欲收败坏；顺着圣灵撒种的，必从圣灵收永生。（加 6:7-8）

如果是这样，那我们就应当自信：我们若在婚姻里顺着圣灵撒种，就必然会在婚姻里收获属灵的祝福。你是否这样想过呢？圣经上说，圣灵所结的果子是仁爱、喜乐、和平、忍耐、恩慈、良善、信实、温柔、节制（加 5:22-23），看到这样的果子，我想大家肯定都想全部拥有。当你的生命被圣灵充满时，你就会经历这些。

那么，我们如何在婚姻里面"顺着圣灵撒种"呢？我越读这段经文，越是感到兴奋不已。如果你想收获属灵的祝福，品尝果实的甘美，就需要知道该播撒什么样的种子。

可想而知，我们首先应当播撒的是祷告的种子。你上一次为婚姻切切地祷告是什么时候？为你的丈夫或妻子切切地祷告又是什么时候呢？你是否知道，没有几个人会为你的婚姻和配偶恳切地祈祷？我这么说似乎夸张了点儿，但是祷告可以改变一切！祷告能够打开与圣灵交通的管道，只有祷告能使你变得格外留心，以至于能听到上帝的声音。没错，我们必须阅读并晓得圣经的话语；但是，如果不在祷告中跟上帝交谈，我们就像跛了脚的废人，还怎么奔跑这路程呢？主耶稣在地上的时候，也常常要离开众人，单独去跟父交谈。我们又是谁呢？怎么敢脱离了祷告而生活呢？

请想一想你所认识的最敬虔的人的生活是什么样子，是什么使他们区别于众人呢？我猜他们一定结满了《加拉太书》里所说的圣灵的果子：仁爱、喜乐、和平、恩慈……我猜对了吗？去问问他们是怎么得着这些属灵的祝福。我认识的每一个敬虔的人，都毫无例外地是一个祷告的人、读经的人，同时也是践行圣经教导的人。

上帝给我们的一个最奇妙的应许就是，当我们谦卑地向他呼求，他就会倾听并回答我们的祈祷。

> 我在急难中求告耶和华，向我的神呼求。
> 他从殿中听了我的声音，我在他面前的呼求入
> 了他的耳中。（诗 18:6）

上帝并没有应许我们总能得到我们想要的回答，但是上帝能听到我们的呼求。他在倾听，如果你的愿望是为他而活，他会带领你走上正路。

保罗用务农做比喻（顺着圣灵撒种），给了我们一个应许，也是我自己最偏爱的一个应许。农夫必须有耐心，他们犁地、翻土、撒种子、浇水，守护庄稼不被破坏，最后

才迎来丰收的喜悦，得享劳动的成果。

> 我们行善，不可丧志；若不灰心，到了时
> 候就要收成。（加 6:9）

我知道你们当中有些人累了，有些人每天都在挣扎，好叫自己的心思意念能放在正确的事上，特别是如果在婚姻中遇到难处，就更叫人疲惫不堪。我敢打赌有些时候你想放弃。所以，你一定要紧紧抓住这个应许：若不灰心，到了时候就要收成。

> 我们这至暂至轻的苦楚，要为我们成就极
> 重无比永远的荣耀。（林后 4:17）

有极重无比永远的荣耀在等着你，你不能放弃！永远的荣耀。这是值得抓住的应许！不要为婚姻所困，以至于忘记了你还有永生可期待，还有上帝的必会实现的应许！信徒带着上帝的应许去生活，能够产生无穷的力量，虽然有些应许要等到了天堂才会实现。

我不时会有这样的感悟：我们很容易想从婚姻里得到一些东西，而这些东西只有上帝才能给我们；他才是那些应许最终的给予者。

有些时候，我想从我丈夫那儿感受到我存在的价值，我想要被看重、被崇拜，感到自己被需要。这些需要未必是不对的，但是我不时会听到上帝轻声的提醒：**"我才是赐给你价值的那一位，我才是能满足你所有需要的那一位。来我这里，我会看重你；有些时候，甚至会让你感到卑微，因为那样，你就不会给你丈夫添太多麻烦了。"**

当恩藩和我的关系有点不对劲儿的时候，我学会了先去查看我跟上帝的关系。有太多妻子指望她们的丈夫来满足一些他们根本无法满足的需要，做丈夫的也是这样。有太多婚姻充满了不切实际的（或说不敬虔的）期望。上帝应许满足我们一切的需要（腓 4:19），应许永远不离开你（来 13:5），应许什么也不能把你与他的爱分开（罗 8:38-39），应许无论谁也不能把你从他的手里夺走（约 10:27-29）。如果我们想让婚姻健康，必须首先相信上帝的应许，先仰望上帝，再看向我们的配偶。

我还清楚地记得，第一次听到这话时对我的沉重打击。恩藩和我外出旅行，庆祝我们的结婚纪念日。吃晚饭的时候，我问他我可以做一件什么事情，好叫我这个妻子做得更称职（我俩会定期问彼此这样的问题）。他说，他感到我太依赖他了，对他的期望太多，他想让我能够更多地依靠上帝，先去寻求上帝。

这太让我吃惊了。真的，我以为我做得不错呢，恩藩的话一下子把我点醒了。我想跟他争辩几句，但是上帝非常清楚地告诉我：我丈夫是对的。我一直在努力做一个顺服的妻子，跟从丈夫的领导，可是在这过程中却荒疏了跟上帝的关系。我没有在耶稣脚前向他倾心吐意，反而事事都去找我丈夫。这不仅弄得他疲乏不堪，还影响了我跟上帝的关系。

我们属灵生活中的很多需要，都是通过在祷告中跟上帝"摔跤"、"等候神"、学习倾听他的声音而得着的。我常常告诉妻子们要**先**把我们的祷告、挣扎和愿望交托给主，上帝固然会使用丈夫来满足我们的很多需要，但不要忘记上帝才是我们一切所需的最终源头。我并不是叫你们不要把自己的挣扎和需要告诉丈夫，只是要你们搞清楚谁先谁后的问题。如果我们期望自己的丈夫是上帝，那他们必然是一塌糊涂；但如果我们期望上帝是上帝，我们的丈夫反而会变成大丈夫。

婚姻中的很多问题，可能都是由于你跟基督的属灵关系不够亲密而造成的，或者说是因为你忽视了自己的属灵需要而出现了"关系饥渴"。现在就坚固你跟随神的脚步吧，是时候了！

作为女性，我留意到时下很流行"女强人"这个说法。这是什么意思呢？女强人又是什么样呢？

恩藩和我最近去了一趟埃塞俄比亚，那里的女人所过的生活给我的震动很大。真的，我无法想象每天像她们那样劳苦怎么受得了，而且也看不到什么希望。如果家里没有自来水，我们怎么活？如果每天走一两英里的路去灌满塑料罐子，才能有水喝呢？如果用那么一个小炉子做饭，我能做些什么呢？那炉子还放在我拥挤不堪的房子里面。我那身脏衣服已经穿了好几天了，我注意到了吗？我的孩子在夜里受冻，可是家里没有暖气，我该怎么办呢？

可是那些女人每天的生活就是这样，她们竟然还能冲我微笑。她们才是真正的强者。我跟她们一些人的眼神交流令我终生难忘。她们跟孩子坐在那儿，等着领取食物，我看着她们的眼睛，在心里默默地说："我们都是当母亲的，都想照顾好自己的孩子。你们是有人疼爱的，我爱你们，是的，但更重要的是，上帝爱你们。"

有一天，当我们驾车从村子里返回的时候，我看见一棵参天大树巍然屹立在山巅，粗粗壮壮的树干上长满了茂密的枝叶，为大地留下一片浓浓的荫凉。我感到上帝在对我说："这就是女强人的样子。"女强人耐心等候，她的根深深扎在上帝的话语里，一天又一天，她的信心变得不可动摇。她茁壮生长，按时结出美善的果子。人们被她生气勃勃的样子吸引，很多人靠着她找到了和平与安息。风暴和试炼向她袭来——这是谁也躲不过的——却不能把她击垮。几个树枝被吹落也许难免，但是她又抽枝发芽，绽放出新的生命力。

这就是我渴望的样子！一个真正强大的女性，将我的锚牢牢扎在上帝的应许里。

但是，你首先要把自己的根扎在上帝的话语里。你为自己挺身而出，极力引起别人的注意，这并不能使你变得强大；当你站在**基督**里，要引起**基督的注意**，为了**基督的荣耀**而奋斗的时候，你才会变强大。

我们在追求这些的时候，上帝就会进入我们的生命里，正如经上所说，"因靠耶和华而得的喜乐是你们的力量"（尼 8:10）。喜乐在《加拉太书》里也被认为圣灵的果子之一。你永远不会在任何人或任何事情那里找到真正长久的喜乐。婚姻不是喜乐之源，尽管许多人这样以为。当我们与上帝同行充满喜乐的时候，当我们对上帝的应许满怀信心的时候，就能把喜乐也带入婚姻里。

别再指望婚姻和你的配偶能做上帝要做的事情了，真正的力量、真正的喜乐、真正的满足——这些都是上帝应许给我们的，也只有他才能做到。

小结：专注

彼得说，人可以"眼瞎，只看见近处的"（彼后 1:9）。我们如果太过专注于暂时的事情，就会对真正重要的事视而不见。说起来可笑，但是汽车爆胎这样的小事都能让你忘记将来的产业、永远的福乐，以及上帝要赐给你的永远的恩典。我们就是这样轻易地就为了一些琐事而失去了得救的喜乐和将来的荣耀。我们满脑子想的都是这里和现在。这不是说我们不应该注意眼前的问题，而是要拿永恒的眼光来看待这些问题。我们不能让任何事情夺去我们的喜乐。

你随时都会被上帝接走，那时你根本不会关心现在这些烦心事。我们要向《路加福音》16 章里所描写的那个精明的管家学习，他知道自己现在的位子坐不长，所以就提早为将来打算。我祈祷愿上帝对于未来的应许能够塑造我们的婚姻。

行动建议

谈论完将来的应许，现在就去行动吧！这听上去似乎有点矛盾，但实际情况就是这样的。上帝把将来的事启示给我们，所以我们就知道现在该怎么做（参彼后 3:11 ）。下面一些建议旨在抛砖引玉，你要根据自己的情况，拿出更多行动。在婚姻生活中，你要常常思想上帝对于未来的应许，并以此为基础来调整你跟配偶的关系。

思想天堂

★ 花些时间真正待在天堂里。你可以读一读《启示录》
21-22 章，以此来引导你的思想。想象自己就是约翰，看到了末日的景象逐渐呈现在眼前。

★ 现在想想那是什么样子，有什么感觉？这些实实在在的未来景象解决了什么问题？为什么我们对这些如此渴望？经上说那里没有太阳和月亮，因为有上帝的荣光照耀，想象一下，如果你居住在那样一个地方会有什么感受？尽可能想象生动一些。让这样的想象医治你的心灵，点燃你的希望。

★ 最后，思考一下这末世的景象能怎样塑造你的现在，特别是你的婚姻。上帝对于末世的应许对你的婚姻会有、应该有哪些影响？把你的想法写下来。跟配偶交换想法，诚实地讨论一下，怎么能让这样的异象真正成为你的婚姻的焦点。

评估一下你的盼望

★ 盼望是圣经里的一个概念，然而即使作为基督徒，我们的盼望也往往放错了地方。评估一下你的盼望究竟在哪里。一定要诚实。

1. 你在哪些方面把盼望放在配偶身上？

2. 你向谁去寻找成就感、喜乐、需要得满足等等？

3. 你在哪些方面做得很好，把你的盼望单单放在上帝那里？

4. 在哪些方面做得不好呢，没有把你的盼望放在上帝那里？

★ 诚实地评估完之后，跟配偶谈谈你的结论，看看对方是否同意，有什么增减。这个评估会让配偶暴露在你面前，所以要格外地温柔、仁爱、诚实，注意别伤害了对方，在指出对方的缺点时，要本着为了让他在基督里成长、更有基督的样式的目的。

★ 讨论一些实用的方法，让彼此能够更专注于基督，把盼望全放在基督那里。

★ 要为所讨论的这些事情，为彼此切切地祷告。

第六章　究竟什么对孩子最好？

为上帝的荣耀而教养

"五个孩子？"

"你太可怜了！"

"可以别要那么多的，你知道的！"

像这样的话我经常能听到，说话的有信徒，也有非信徒。现在流行的观念是，一两个孩子或许是祝福，再多恐怕就是负担。对我来说，这种想法很奇怪，因为我非常喜欢我的孩子。这话听上去也许有点傻气，但是说真的，我最大的问题之一就是不要太爱我的孩子了！如果我不小心，就会让他们超过基督，成为我的最爱。有些人的问题是忽视孩子，把他们看成是负担；另一些人则像我一样，对孩子太上心了。

上帝创造了家庭，他想让我们在家庭里得着欢乐，以荣耀他的名，这才是真理。我们能够既爱孩子，又引导他们敬拜上帝，过以使命为中心的生活。也只有这样，我们和孩子最终才能够得到最大的满足，不论是现在还是永远。

让我们来看看上帝是怎么看孩子的：

儿女是耶和华所赐的产业，

所怀的胎是他所给的赏赐。

少年时所生的儿女，

好像勇士手中的箭。

箭袋充满的人便为有福。

他们在城门口和仇敌说话的时候，

必不至于羞愧。（诗 127:3–5）

就像四分卫会为了他的成功而感谢队友一样，儿女众多应该是一个人赞美上帝的理由。上帝说，一个人因为有很多孩子站在他身后，就"必不至羞愧"。为什么现在孩子常被看作是"路障"，妨碍了我们真正想做的事情了呢？

自古以来，人们都很羡慕大家庭，认为他们"真有福气"。但是近二十年来，美国人的态度变成了"我可不想像他们一样"。

尽管这种变化是由多方面原因造成的（比如经济花费、责任增加、自由减少），但是我相信，不懂得怎么养育子女算得上是一个主因。一群没有教好的孩子就像是满满一袋弯曲的箭，射向的靶子可能就是你！

养育是祝福，而不是负担

什么是好父母？是什么都替孩子做的父母吗？还是训练孩子做事情的父母？如果孩子不会系鞋带，是做父母的失职，对吗？如果孩子不会自己切牛排吃，我们能说父母做得很成功吗？孩子长大以后呢？我们难道不应该希望他们自己洗衣服、打扫卫生、自己工作挣钱吗？

是什么促使父母不断地为孩子做事情？是感觉被需要、被爱、被感激、被尊重吗？是需要跟孩子做"朋友"吗？还是有的时候，我们自己做事情更省事呢？但无论如何，我们这么做是在害孩子，使他们变得懒惰，最终成为负担。也正是出于这个原因，很多人不把孩子看作祝福。孩子没有成为"箭袋里的箭"，因为我们没有打磨他们，没有使用他们，而是把他们变成了我们随身携带的棍子。他们没有目标，因为我们从不让他们做任何事情，只是把他们带在身边而已。

但是在需要的时候，在有了使命和责任以后，孩子们能取得非凡的成就，着实叫人又惊又喜。

这跟教会里的情况有几分相似。教会领袖只是照顾会众，而不是教导他们，会众因此变得过于依赖领袖。当他们需要自己做些什么的时候，就会失败。他们是我们的负担，因为我们没有指望他们自己照顾自己，并且去帮助有需要的人。教会越大，牧师的负担越重，会众没有成为祝福，反而成了负担。这个问题很大，展开讨论的话，需要再写一本书去论述。

我的孩子也是我最好的朋友，我认为这是件好事。但我们也必须小心，不要只顾着跟他们建立友谊，而忘了我们做父母的角色。他们并不需要再多一个朋友，而是需要一个权威、一个榜样、一个他们的伙伴替代不了的角色。上帝把你放在孩子的生命里，就是想让你代表他做一个慈爱的权威。他给了你养育子女的责任，要你教导他们如何去服侍，为他们今后的生活做好准备。

在上帝的荣光里养育儿女

丽莎和我希望我们的孩子爱耶稣胜过爱我们、信任耶稣胜过信任我们、喜欢耶稣胜过喜欢我们，希望他们能在耶稣那里找到更多的安全感。我们相信，最好的教育方法莫过于身教，我们必须让孩子清楚，我们爱上帝胜过爱他们。

孩子的知觉比很多父母想得更敏锐，他们能分清我们是否只是说说而已。如果我们整天说我们爱耶稣，但是我们的时间和资源却没有花在耶稣那里，他们就会察觉。他们能看出我们是不是真的爱、有没有祷告和敬拜。我们如果做假，他们就会知道。

也许你以为能骗得了孩子，但他们迟早会长大，会进行独立思考，只是时间的问题。你难道不知道你父母的真实情况吗？当你长大以后，你难道不会回想过去，从而知道父母究竟是怎样的人吗？你会知道他们对彼此的爱是深厚还是肤浅，他们的信仰是一种宗教责任还是生命的本源，他们是更爱你还是更爱耶稣。

我跟许多年轻人交谈过。在美国的基督教会里发生了一件新事，当年轻人看到了耶稣的价值，他们就会向不冷不热的父母开火。父母把孩子当作神来崇拜，希望能得到孩子的褒奖，可得到的却是完全相反的报应。尽管父母没给他们树立一个好榜样，这些年轻人还是爱上了耶稣，有些人甚至本着尊敬的态度去责备父母。最可喜的是，有些父母在子女的影响下真心悔改了。

虽然这样的故事令人振奋，可惜只是个例。统计数据显示，在那些以家庭为重、安稳舒适的家庭里，父母倒是常去教会，可是他们培养出来孩子，绝大部分一旦年满十八岁就会离开教会，再也不会回来。很多时候，孩子爱他们的父母，却不爱耶稣。

对于这个问题，每一位做父母的都应该问问自己：什么会让我更心碎？是我的孩子长大后不爱我，还是他们长大后不爱耶稣？认真想一想这个问题。

如果孩子真的爱耶稣，他们也会真的爱你，这是一定的。我还没有发现一个爱耶稣的人不深深感激他们的父母"真实地践行了耶稣的教导"。不但如此，而且爱耶稣的人也会遵行他的命令（约 14:15），而耶稣的命令就是要我们去深爱身边的人（可 12:28-31；约 4:19-21）。

除了做个虔敬的人，上帝还要我们教导孩子认识他。可悲的是，大多数父母都忽视了这个责任，以为让孩子参加主日学和青少年小组就已经足够了。能有额外的支持固然好，但这并不能改变上帝命令父母教导孩子要爱上帝和他的诫命这样一个事实（申 6:4-8）。

在教导孩子认识上帝的荣耀方面，丽莎和我有一些切实可行的方法。我们持续使用圣经经文来提醒他们上帝的圣洁，而不是仅仅告诉他们要信上帝，我们要向他们解释上帝是什么样的。你也可以试试这个方法，向他们描述上帝的荣耀，拿出一段经文给他们详细解析一下，比如说，《提摩太前书》6 章 15-16 节：

"到了日期，那可称颂、独有权能的万王之王、万主之主，就是那独一不死，住在人不能靠近的光里，是人未曾看见，也是不能看见的，要将他显明出来。但愿尊贵和永远的权能都归给他。阿们！"

向他们解释上帝是"**独有权能的**"——他是唯一有控制权的。他们很小就应该知道妈妈爸爸不能控制生活，他们也不能。一切事情都掌控在上帝手里。

一定要让他们明白"**万王之王**"的意思，就是所有的权柄都属于他。所以，他们尊敬他，要胜过尊敬爸爸妈妈。向他们表明，爸爸妈妈顺服耶稣胜过顺服一切。当耶稣呼召你做什么事的时候，你一定要马上去做，不可推诿。给孩子解释这些，并以实际行动向他们表明这是什么意思。

让孩子知道他们的每一个气息都是上帝的礼物，因为他"**就是那独一不死**"。每个植物、动物和人的生命都是从他那里借来的，所以我们要珍惜他赐给我们的每一天。

他们越早理解上帝的荣耀越好。他们要知道上帝"**住在人不能靠近的光里**"，他跟我们不一样，我们甚至不能望向他。他们必须知道在他们跟上帝之间有一个巨大的鸿沟。

因为上帝有权能、权柄、能力和圣洁，所以我们活着是为了他的荣耀，而不是我们自己的荣耀。我们的生活要以他的"**尊贵和永远的权能**"为中心。我们必须教导孩子这个世界不是围绕着他们转，而是围绕着耶稣转，并行出我们的教导。我们是为他而活。

几乎每个孩子都会经历一个"自我中心"的时期，那时候他们相信世界是围着他们转的。她哭的时候，看见大人们跑着去拿奶瓶或者毯子，又或者冲过去把她抱起来轻轻地摇着。不管她走到哪个房间，都是关注的焦点。

这对于婴儿来说是很正常的，小孩子确实需要额外的关注。但如果他们四五岁、十岁、十六岁或者三十岁了还这么认为，那就有问题了。可悲的是，许多人直到临死的时候，还是相信世界是（或者应该是）围绕着他们转的。对子女教育得好的话，能够让他们早点消除这个错误观念。

祷告一定不能随便，即使是谢饭祷告也是如此。丽莎和我祷告的时候，我们会关闭所有电子产品，不让孩子乱跑。我们用祷告的时间提醒家人，我们敬拜的上帝是圣洁的，他配得我们的尊敬。他是关注的焦点，我们要将他当得的荣耀归给他。我们不是将祷告仪式化，也不是因循守旧，我们是在感谢那位住在人不能靠近的光里面的上帝。祷告在我们家是神圣的，因为上帝是神圣的。在我们家里，谁也不许对上帝不敬。我们的孩子知道爸爸妈妈在和上帝交谈时，他们是不能打扰我们的，因为上帝比他们重要。

尽管我们试图整天都谈论上帝，但我们依然发现，睡觉前的时间可能是最佳时间。孩子们总是想说话，不想睡觉，我们就利用这个来跟他们谈论上帝。我们听他们讲白天发生的事情，利用每一个机会提醒他们，不论他们做什么，上帝都应该是中心。我们也跟他们分享自己在白天里"感到"不想顺服上帝可最终还是顺服上帝的故事。我们总是想让他们看见，父母也有私心和挣扎。为了上帝的荣耀而活，而不是我们自己的荣耀，这对每个人来说都是一场争战。

我们抓住机会教导孩子要尊敬老师和一切权威人物，因为是上帝把他们放在那里的（罗 13 章）。这很重要，因为对权威不尊重是傲慢的表现。很快，他们也会以这样的态度来对待上帝。

> 你们作儿女的，要在主里听从父母，这是理所当然的。要孝敬父母，使你得福，在世长寿。这是第一条带应许的诫命。你们作父亲的，不要惹儿女的气，只要照着主的教训和警戒养育他们。（弗 6:1-4）

根据这段经文，教导孩子尊重权威有着深厚的神学根据。孩子不尊敬父母，就是不尊敬上帝。他们这么做是忽视了上帝的诫命，是悖逆的开端。

我从不允许孩子对丽莎或者我说话不尊敬。我们使用权威，好叫他们对权威有概念。这不是说我一定要控制他们。作为父亲，我的职责是用我行事的方式给他们描绘一幅上帝的图画。既然我们敬拜的上帝不是一个软弱的、允许人不敬的上帝，我拒绝做一个软弱、允许孩子顶嘴的父亲。孩子若从小在家称王称霸，当他们认为或感到上帝的命令没有遂了他们的心的时候，马上就会质疑上帝的权威。那些在有爱又有权威的家庭里长大的孩子，不一定百分之百尊敬上帝，但至少他们知道什么叫作尊敬。

在福音的光照里养育儿女

福音的真理对于养育儿女意义重大。作为信徒，我们知道自己的义来自于上帝，我们过敬虔生活的能力来自于圣灵。作为父母，我们有时候会忘记，对于孩子也是这样。上帝是我们唯一的盼望，也是他们唯一的盼望。如果圣灵不在他们里面，所有的育儿经都等于零，不过是对孩子行为的一些改变罢了。若没有圣灵，我们的孩子注定要悖逆。但是上帝的灵改变了一切，如果他在我们孩子里面动工，我们可以信赖他会成就美善的旨意。

好几年前，我们的大女儿在属灵上有挣扎。我很清楚地看到，她的信心不过就是背诵一些耳熟能详的圣经经文而已，我看不到任何圣灵的果子，罪几乎要堵塞她的生命。倒不是说她什么好事也没有做，但是，做几件好事与圣灵超自然的工作显然有很大差异。

说心里话，那几年过得真不容易。有一次，丽莎问我：

"我们是不是很失败？"我说我不这样认为，我们两个人给她做出了爱耶稣、爱家庭、爱邻舍的榜样，她也看到了圣灵怎样在我们里面运行，通过我们做工。我知道我们的婚姻和教育子女的方法不完美，但是我相信，我们向她展示了以上帝为中心的婚姻和家庭是什么样的。

让我的孩子得救是我最迫切的祷告请求。那时候，我们意识到自己对女儿是无能为力了，于是我们就祷告，切切地祷告。只有上帝能打开她的眼睛，给她信心，让她能够爱上帝。虽然我们也可以给她立一些规矩，但是那只能暂时改变她的行为，改变不了她的心。上帝说得很清楚，圣灵是我们唯一的盼望。没有圣灵，我们所能做的就是阻止她去追求她心里想要的东西。但是圣经告诉我，如果圣灵进入她里面，她就会变成一个新造的人，她的本性将会改变，罪不能再挟制她，她将会变成义的奴仆。

接着奇妙的事发生了。我永远也忘不了那一天，我大女儿告诉我圣灵进入她里面了。我们都很欣喜，可是也有点怀疑。我们看到她的生活立刻发生了变化，但不知道这变化能不能长久。几个星期过去了，又过了几个月，很明显，一切真的改变了。几年之后，我们仍然为上帝向我女儿所施的恩典而感谢他。她是一个新造的人了，尽管她不完美，可她在不断努力。现在，我们不用再想着把她锁在房间里，以免她犯罪；我们可以满有信心地放她出去，到世上去作光。这就是圣灵的作为。

看到圣灵在孩子们身上运行，丽莎和我可以安心地放手了。我们慢慢放开了对他们的引导，教导他们要跟随圣灵的引导。正如施洗约翰所说："他必兴旺，我必衰微。"（约 3:30），我们养育儿女的态度就应当是这样。我们的目标是，使儿女从完全依赖我们转变为完全依赖上帝。我们的工作就是教导他们怎样跟随他们真正的父、真正的主人，然后我们就放手，因为我们把他们还给了他们真正的、公义的主人。把孩子交托给上帝，表明了我们对上帝的信赖，始终不肯放手则是反面的证明。

这并不意味着我们在儿女生命中的角色从此不重要了，而是我们理解了父母的角色，即不断地引导孩子归回到上帝那里，归回到福音的真理里面。我们必须不断地提醒儿女，他们在基督里面所拥有的权能，正如保罗对待提摩太那样（提后 1:6-7）。作为信徒，我们总应当"彼此照顾，激发爱心，勉励行善"（来 10:24）。这是所有信徒一生的责任，包括我们的孩子。说得直白些就是，我们需要成为一个祝福，而不是一个必需品。上帝是我们的孩子唯一真正**需要**的那一位，但是我们祈祷的是，上帝能使我们成为孩子一生的祝福。

我在写这些的时候，意识到有很多人的孩子没有跟随耶稣。也许你就是其中一位，你没有看见你的孩子结出圣灵的果子，心都要碎了。你不知道从何谈起，因为你的孩子已经拒绝了福音，或许他们没有明确拒绝耶稣，可是在行为上已经如此。首先，我感到非常抱歉，丽莎和我再想不出还有什么更让人难过的事了。将心比心，我找不出任何话语来安慰你。跟保罗一样，我们很多人也是"大有忧愁，心里时常伤痛"（罗 9:2），因为我们所爱的人拒绝了基督。就是那个能够在各种环境中都喜乐、并且告诉我们要靠主常常喜乐的保罗（腓 4:4），也经历过这样深深的伤痛，想到这些，或许能带给你一丝安慰。

我唯一能想到的鼓励就是提醒你，祷告具有强大的力量，我听过很多祷告蒙应允的神奇故事，我自己也经历过很多次。持续地为了孩子禁食祷告；持续地让自己和孩子沉浸在圣经里，深信上帝的话语大有能力；持续过敬虔的生活，让你的孩子不能否认上帝在你生活里的彰显，即使他们自己不想要得着他。

作为基督徒，我们有责任在福音的光照里养育儿女，不管他们的反应如何。正如上帝掌管着地球，我们也必须领导我们的家庭；正如上帝自由地惩罚和奖赏，我们也要为了上帝的荣耀，在祷告中惩罚和奖赏我们的孩子；正如上帝饶恕了我们，我们也必须在孩子犯罪的时候，以上帝的饶恕去饶恕；正如上帝无条件地爱着我们，我们也必须为孩子牺牲，无论他们的表现怎样。他们透过我们的生活，必须能看到福音的明证。我们努力向他们展示基督的荣美，就是希望他们能被吸引，一生寻求认识主。

在基督榜样的光照里养育儿女

几年前，我女儿从学校回来，拿着一张考试不及格的成绩单给我看。我看到她眼里的失望，还有害怕不知道我会有什么反应。我俩都知道她考试不及格不是能力不够，而是懒惰的结果，也都知道懒惰的后果。但是那天晚上，我决定利用这个机会来教导她什么是恩典。我没有教训她，而是带她出去吃晚饭、看电影，还买了冰激凌给她。我给她解释，我这么做是在效法上帝，他就是这样借着耶稣赦免了我们的罪。尽管我们都是罪人，他没有向我们发怒，反而用祝福将我们环绕。

那天晚上我们过得非常愉快，但更好的还在后头呢。那天她跟伙伴们分手时，他们都知道她要告诉我考试的情况。所以，第二天当他们问起来的时候，她津津有味地跟他们讲起了前一天晚上的故事，还向他们解释了福音的意义。她的伙伴们都羡慕地说："我真希望能有你那样的爸爸。"这就像我们之前说的，我们应当因上帝的恩典而充满喜乐，看到的人就会羡慕地说："我真希望能有你那样的上帝。"接着，我赶紧提醒她要好好用功。（不是孩子每次考试不及格，我都会给他们冰激凌吃的；这种恩典教育有一次就好。虽然在她应受到惩罚的时候给她奖励是一件有趣的事，但我们还是要记得"主所爱的，他必管教"〔来12:6〕。）

俗话说："身教胜于言传。"虽然这话不是出自圣经，但是我们都知道这是一句富有哲理的话。我们都能够想起从父母身上学习到的东西吧，包括习惯、说话方式、态度等等——当然，有好的，也有不好的。他们并没有坐下来给我们讲这些事，可我们长大了就会模仿他们的做法。（很多时候，我们想不那么做都不行！）

我们的孩子看到家里很少有没客人的时候，因为我们的家经常都会向有需要的人敞开，其中一些人还成了我们很好的朋友。有的时候，这也会带来很大的不便，但我们决心要好客，像基督那样去爱人。甚至有几次，我的孩子们都被来家里借住的人惹哭了。我们现在回头看那些事可以一笑了之，但当时对孩子们来说，确实挺不容易的。这对他们也是很好的经历，知道跟随基督的榜样并不总是那么容易。从小到大，他们经常能看到家里有人来住，等他们有了自己的家以后，如果不向有需要的人开放，我才会觉得惊讶呢。

我们这辈子要不断地服侍自己的孩子，好叫他们看到基督的榜样。与此同时，我们也需要教导他们去服侍别人——他们也需要活出基督的榜样。我们的工作不只是服侍他们，更要教导他们去服侍人。很多人认为父母应当努力工作，多挣点钱，退休了能够舒舒服服地生活，也能够留给孩子一笔可观的遗产。但是如果这妨碍了孩子在服侍人方面有所长进怎么办？没有人想成为别人的负担，但是经上说，上帝希望看到孩子照顾他们的父母：

> 若寡妇有儿女，或有孙子、孙女，便叫他们先在自己家中学着行孝，报答亲恩，因为这在神面前是可悦纳的……人若不看顾亲属，就是背了真道，比不信的人还不好。不看顾自己家里的人更是如此。（提前 5:4、8）

基督徒子女应当因为有能力祝福父母而感到荣幸。他们小时候，父母一直为他们操劳。他们不应当把父母看成是负担，而应当欢欢喜喜地照顾父母，上帝的计划原本如此。我希望有一天我的孩子也能帮忙照顾我，如果我能活那么久的话。希望我养大的孩子能知道感恩，把照顾爸爸妈妈当作是他们的荣幸。

在上帝使命的光照里养育子女

我工作很辛苦，需要常常旅行。一个星期几乎还没过完，我就又得搭飞机出门了，心里想着我要是能待在家里陪家人该有多好啊。有人认为我是不称职的父亲，可我并不这么认为。我丝毫都没有忽视我的孩子，但很多时候我知道上帝呼召我去服侍他，这势必会影响我的日常生活。我真心相信，让孩子们看到这些对他们是有好处的。

跟随耶稣意味着我们放下自己的愿望，相信结果最终会更好，正如耶稣所说的"若有人要跟从我，就当舍己，天天背起他的十字架来跟从我"（路 9:23）。好的父母会向孩子表明，使命比我们任何人都大。作为使命的一部分，我们要建造一个充满爱的家庭，使它合乎上帝的旨意；但有的时候，就需要我们为了使命而暂且把家庭放下（太 10:37）。

我需要让孩子看到，在家庭事务跟使命冲突的时候，我会选择使命，那意味着错过家庭晚宴、孩子的钢琴表演和舞会等活动。这样的做法在美国的教会里并不是广为接受的。我们把对上帝的爱与服侍截然分开，我们说我们最爱上帝，但实际上，那只是一句模糊的言语罢了，并没有什么行动。耶稣所说的不只是感受和情绪，他说的是真正的牺牲。这牺牲会打乱我们的生活，甚至可能使其完全终止。

他们走路的时候，有一人对耶稣说："你无论往哪里去，我要跟从你。"耶稣说："狐狸有洞，天空的飞鸟有窝，只是人子没有枕头的地方。"又对一个人说："跟从我来！"那人说："主，容我先回去埋葬我的父亲。"耶稣说："任凭死人埋葬他们的死人，你只管去传扬神国的道。"又有一人说："主，我要跟从你，但容我先去辞别我家里的人。"耶稣说："手扶着犁向后看的，不配进神的国。"（路 9:57-62）

有时候，我去到第三世界的国家，帮当地人解决贫穷和饥饿，孩子在家里想我想得哭了，妻子就会很快提醒他们，有一个我这样在外面照顾别人的父亲是有福的；如果我外出讲道，孩子在家里坐卧不安，妻子会告诉他们永远的意义。我回到家的那一刻，就会安慰他们，诉说我对他们的思念之情，然后会再次提醒他们使命的重要性。我的孩子大一点之后，我就会带他们到各地去参与事工，让我们能够一起奔赴上帝的使命。

孩子暂时不跟他们的父亲待在一起，因为他们的父亲要去照顾那些没有父亲的人。这对孩子有好处，能够教导他们舍己，去照顾有需要的人。他们应当明白大使命是要救人免受永远的折磨，所以我们都必须愿意为了这个崇高目的而做出牺牲。

事实上，如果他们看不到这些牺牲，日后他们就会质疑我们，是否真的相信我们声称自己所相信的东西。他们总会长大，会运用逻辑推理。那时候他们就会问，为什么明知道世界上有那么多人在受苦、死去甚至走向地狱，而我们却整天只顾着追求家庭的欢乐。也许这正是为什么有75%的基督徒的子女在满十八岁后就会抛弃教会，他们看到了我们所宣称的信仰跟我们的行为之间的差距，决定不加入这个伪君子的阵营。

我的朋友布拉德·巴瑟和贝丝·巴瑟夫妇在巴布亚新几内亚做宣教士，他们与一个叫作埃泰迪族（Iteri）的部落一起住在丛林里。他们花了二十年时间学习埃泰迪语，给当地人传福音，首次创造了埃泰迪文字，教当地人学习他们自己的语言，并将新约圣经翻译成了埃泰迪语。通过他们的事工，人们得救了，教会建立起来了，在他们离开之后，福音依然兴旺。

布拉德和贝丝夫妇在巴布亚新几内亚的丛林里养育了四个儿女，孩子见证了父母的艰辛：他们曾受到暴力的威胁（当地人曾拿长矛指着他们的脸），罹患过严重的疾病（有一次，布拉德昏迷不醒，被直升机接走）。他们每天都面临着各种挑战，这些孩子们都看到了。

布拉德告诉我，他这辈子的一大祝福就是，当他的孩子满十八岁时，他坐下来对他们说："你们看到了爸爸妈妈为了福音什么都肯牺牲，甚至是我们的生命。现在你们去照样做吧。"我们当中有多少人能够活得这般问心无愧，对孩子说这样的话呢？

很难说哪个祝福更大：是埃泰迪人在历史上首次敬拜耶稣了呢，还是布拉德和贝丝的四个孩子都爱耶稣，其中两个长大的孩子已经返回巴布亚新几内亚的丛林里，开始向其他部落传福音了。

一定要使上帝的使命成为你生命中的头等大事，让你的孩子看到你的生活，给他们机会，跟你一起去服侍上帝。当他们经历了服侍的喜乐之后，希望他们在你去世之后还能长久忠心地服侍主。

在上帝应许的光照里养育儿女

每一天都要跟孩子谈论天堂。你能教给孩子的最大的功课，就是怎样心怀永远来做每一个决定。这不是要我们对眼前的问题坐视不理，而是说我们要用永恒的眼光来看待这些问题。告诉孩子人生很短暂，充满了不确定因素，只是我们的未来是有保障的。每一次参加葬礼，每一位亲人离世，每一只宠物死去，这些都在印证和加强这个真理。有太多父母想把孩子保护起来，不让他们看到现实，但是孩子迟早要面对这些的，不如早一点告诉他们这个现实，让他们知道什么才是重要的。

我们会把自己做过的很多决定都告诉孩子，并且告诉他们其中的理由。我们让孩子们知道我们的钱花在了一些地方，因为我们想投资天堂（太 6:19-20）。因为我们不向孩子隐瞒这些事情，所以他们能够看到上帝以如此众多的方式为我们成就事情。他们看到上帝怎样在这些小事上成就了他的应许，这也给了他们确据，相信上帝对永远福乐的应许。

我们的孩子对天堂确定不疑，并对此兴奋不已，以至于有时候会说出一些别人眼里的禁忌之语。记得有一次我们一家人一起坐飞机，我的一个孩子说："爸爸，如果这架飞机失事了该多好啊，那样我们就能一起去天堂了！"我没意见，但是我相信周围的人肯定认为我们很不正常。

我们养育的孩子就是这样，对死亡没有太多恐惧。我相信，他们也预备好耶稣接爸爸妈妈走的那一刻了。虽然他们可能也会跟其他孩子一样哀哭，但丽莎和我很有信心，相信他们会继续相信基督，而不会背叛他。我们确保从一开始就让他们知道，人生短暂，变幻无常，正因为如此，我们更要为永生而活。到那时，我们就可以在上帝的应许里得享永远的福乐了。

爱、害怕、顺服（丽莎著）

我们都希望成为孩子的朋友，而不只是他们眼里的权威，要克服这种心理矛盾还真不容易。

我曾经碰到过一位年轻的已婚女性，她还没有孩子。我们谈起了跟非信徒约会这个话题。我跟她分享了我们对孩子的要求：如果他们决定委身跟从耶稣，我们就不支持他们跟非信徒交往。她听说我们对孩子不分年龄大小，一律这样严格要求，感到很震惊，担心对孩子太严格反而会导致他们叛逆。

说老实话，她这样的想法叫我很失望。难道父母真的应该让孩子觉得跟从耶稣总是一件愉快的事，好叫他们觉得听从耶稣的命令没那么难吗？我认为那样实际上给了孩子一个可怕的信息：你可以选择在什么年龄去听从什么命令。

问题是我们无法保证孩子不会叛逆。实际上，他们在学习为上帝而活的过程中，总会在某些方面叛逆，因为他们是罪人。但是我不想成为那个放松标准的人，不想粉饰规矩，以迎合孩子的需要。那样做清楚地表明我害怕他们，胜过了害怕上帝——尽管作为父母，我有时候真忍不住想满足孩子。

我们谈话之后没过几天，我碰巧读到了这样一段经文：

> 我今日所警教你们的，你们都要放在心上，要吩咐你们的子孙谨守遵行这律法上的话。因为这不是虚空与你们无关的事，乃是你们的生命……（申 32:46—47）

当上帝的话语受到挑战时，你愿意反对你的孩子吗？这并不违反"在爱心里说诚实话"，而是真心关注他们的属灵状况。问问你自己，我能给他们的真正的爱是什么：让他们玩弄上帝的律法，还是坚守上帝的律法，将其作为我们生活的标准？毕竟，这些命令就是**我们的生命**。

还记得《撒母耳记上》中的祭司以利吗？他的故事很耐人寻味。他自己是一个忠心的祭司，但他的两个儿子是"恶人"、"不认识耶和华"。他儿子所做的恶事传到以利耳中：他们擅自拿取祭牲的肉、强取别人的东西、与会幕门前的妇人苟合。经上确实说以利为此而斥责他们，说他们不应该做那样的事，但是很明显，上帝希望以利剥夺他们的祭司职分，为他们的恶行而惩罚他们。以利不愿意荣耀上帝，因此受到了严厉的惩罚。上帝通过撒母耳，启示了对以利的惩罚："我指着以利家所说的话，到了时候，我必始终应验在以利身上。我曾告诉他必永远降罚与他的家，因为他知道儿子作孽，自招咒诅，却不禁止他们。"（撒上3:12-13）上帝之前也说过以利"尊重他的儿子过于尊重我"。（撒上 2:29）

尽管这些经文有些沉重，但我们要记得孩子应当顺服。这很重要，甚至在他们还小的时候，我们就必须提醒他们上帝说过什么、做过什么。有很多经文提到了上帝关于年轻人应当顺服的态度（例如：创 18:19；撒上 2:18-19、26；诗 71:17；路 18:15-17；提前 4:12）。

青少年并没有置身于上帝的律法之外，他们长大之后，在决定他们自己是否愿意跟从上帝时会有挣扎。但是我们不能因为害怕他们叛逆，就降低上帝的标准。

想到我的孩子可能会不与上帝同行，会让我心碎，我几乎无法承受那样的打击。但是事实是：我们不是圣灵，只有圣灵能进入我们孩子的生命，使他们成为新造的人，给他们想要跟从上帝的愿望。然而，我心里仍然藏着这样的愿望：如果我把事情"做对"，如果我能够跟他们分享正确的圣经经文，能够日夜不住地为他们祷告，他们就会成为了不起的爱耶稣的孩子，我希望世上有这样一个配方可循。

可是，世上没有这样的配方。这件事在我们的能力之外，人其实是多么卑微啊。作为父母，我们自己当然要效法基督，也一定要跟孩子分享经文，我们也拥有最大的武器——祷告。可是我们做这些事情并不能使孩子得救，那是只有上帝才能成就的事。

我们做这些事情，好叫我们的良心在上帝的同在里得到安宁；我们做这些事情，因为我们真的爱我们的孩子，希望尽自己所能向他们展示一幅真正爱耶稣的榜样。当你的孩子遇到挣扎或者开始走迷路的时候，不要放弃，坚持活出你的信仰，不要让敌人的谎言使你陷入绝望。

你不完美，永远都不会完美，所有的父母都会有失败之处。但是，真正的问题是：你的生活是否以追求基督为特征？如果是，那么你就可以谦卑地接受你的错误，而不至于被击垮；如果不是，那么你可以悔改，相信上帝不仅会改变你的生命，而且会改变你的孩子的生命。

也许，如果你能够认真对待跟从上帝这件事，你的孩子就会因此而回到上帝那里，上帝的心意正是如此，这岂不是两全其美？

最近，有一对年轻夫妇问我们，怎样能跟孩子更亲近。那位妻子对我们解释说："我以前从不跟父母分享**任何事情**。"现在的他们渴望改善自己与孩子的关系，这本身就是一个进步。

在回答他们的问题时，我意识到：跟孩子联结的最好的办法之一就是跟配偶联结。孩子的安全感，很大一部分是因为知道父母之间关系的团结和稳固。请想想看，你要教导孩子跟从基督的意义，如果你和配偶在家里能活出基督的样子，这就好比为你的教导辅以佐证，使其变得更有说服力了，他们会被你们以及你们生命中圣灵的果子吸引。

稳固的婚姻能给孩子带来积极影响。当然，这并不是说你们就要避免产生任何矛盾。作为夫妻，难免会有磕磕碰碰的时候，关键是你们认真对待婚姻，这些孩子都是能看得见的。每个周日早早起来，急匆匆地把孩子塞进车里，忙不迭地赶到教会，在其他时间里自顾自地做着自己的事情——这样是不行的。能够做到按时去教会当然是件好事，但同样重要的是，要让孩子在你的日常生活里看到上帝的真理。如果他们能看到你们彼此亲密，活出了福音的真理，就会知道照着**上帝的话语**而活——而不是照着**世俗的风气**——究竟是什么样的了。

你在孩子面前怎样对待配偶，会对孩子产生影响，在背后谈论自己的配偶，影响尤甚。孩子并不笨，他们能够捕捉到你言行里的不尊重、恼恨或者缺乏爱意，也能够感受到你的宽容、忍耐和爱意。你传递给孩子的信息是什么样的？他们能看到你是在认真对待上帝的话语吗？

我们不可能是"谁都爱，可就是不爱配偶"的基督徒，这是不可能的。夫妻关系应当是仅次于神人关系的、对你影响**最大的**一种关系。很多孩子走上歧途，就是因为看到他们的信徒父母并不真心相爱——我说的不是假信徒父母，而是那些有圣灵内住的父母。

是的，还有其他事情会诱惑我们的孩子，还有其他原因使他们不愿意跟从基督，但是你真的想让孩子"感觉到"你不爱自己的配偶，因而在孩子的信心之路上再添一块绊脚石吗？保罗曾说："若是能行，**总要尽力**与众人和睦。"（罗 12:18）尽你所能吧，靠着圣灵的大能，在婚姻当中活出福音的真理。这事关重大。

爱

人们都说"别为小事操心"，这话用在子女教育上尤其合适。我有一天被一些小事绊住，急急地开始给儿子祷告。突然，我意识到问题的关键是什么，我对儿子最大的愿望就是他将来能够成为一个正直的人，他端正的品行能成为他最突出的优点。所以，我就不再为那些小事祷告，转而求上帝使我儿子成为一个正直的人。专注于重要的方面，能够使我的祷告不偏离正题，也能够使我在处境艰难时不气馁。

我们的孩子常常能听到的祷告是，让一家人都能够越来越爱上帝。真的，这正是我们为孩子祈祷的核心，更多地去爱上帝就是听从了那最大的诫命（可 12:28-30）。爱上帝能够让他们与圣灵相和，听从圣灵的教导。我们不想要仅仅貌似虔诚、不说粗话、不看限制级电影的孩子，我们想要的是全心全意爱上帝、为讨上帝喜悦而活的孩子。

害怕

有时候，养育儿女会是一件让人害怕的事。我那天给家里买了一幅匾额，上面写着：让你的信心大过你的恐惧。多好的提醒啊，我极其需要让我的信心大过我的恐惧！我真希望我天生就是勇敢无畏的人，可惜我不是。这对我来说，是一个长期的争战。

做了妈妈之后，我跟恐惧的争战更激烈了。我忽然非常渴望过上安稳舒适的生活，这渴望来势汹汹，甚至要吞没我不惜一切代价跟从基督的渴望。作为父母，要记得**你**属于谁——而不仅仅是你的孩子属于谁——这一点很重要。你们不是自己的人，因为你们是重价买来的（林前 6:19-20）。耶稣说：

> 人到我这里来，若不爱我胜过爱自己的父母、妻子、儿女、弟兄、姐妹和自己的性命，就不能作我的门徒。凡不背着自己十字架跟从我的，也不能作我的门徒。（路 14:26-27）

我们对孩子的爱应该融合在我们对耶稣的爱里面。

孩子唤起了我们做保护者的欲望。我们想把他们保护起来，免受伤痛，但我们**完全不知道**上帝对孩子的计划是什么。我们的确知道，上帝的计划里肯定包含着挣扎、试炼、心痛。因为只有经过这些磨炼，孩子才能成为敬虔的人（提后 3:12；约 16:33）。我们绝不能再害怕了，而是要相信上帝，他知道自己在做什么。

我们女儿十五岁那年，有机会去泰国的一个孤儿院待六个星期。前一年，我们一家一起去过那个孤儿院，我女儿非常想回去看看里面的那些孩子。唯一的问题是，她需要自己搭乘国际航班，中途还要在日本做短暂停留。我在心里知道她应该去，但是恐惧却想让我把她留在家里！说实话，我一直都想拦阻这件事情，但这是上帝的心意，我不能任由恐惧摆布。

经过祷告，恩藩和我相信圣灵给我们的回答是让女儿去。那时候，有些人认为我们有点太疯狂了（也许他们现在还这么认为）。但我们相信那是上帝想做的事情，我们必须信靠他。我们知道谁会在泰国机场接我女儿，把她安全地带到那所孤儿院。但更重要的是，我们认识那一位时刻跟她在一起、在任何境况下都会引导她的上帝。这是一个难得的机会，可以让她坚固自己的信心，获得依靠上帝的宝贵经历。

对孩子放手真不容易。我看着她的飞机起飞的时候，哭到完全不能自已！但是上帝提醒我，最爱他的人就是这样。我是如此深爱着他，所以我愿意把自己的宝贝孩子交给他看顾。

顺服

如果非要让我说我最害怕什么，那肯定就是受酷刑。更糟糕的是，看着自己的孩子被带走，遭受折磨和凌辱，我想不出有什么比这更可怕的了。我们很多人就是被自己的"终极恐惧"捆绑，什么都做不了，那巨大的恐惧把我们死死缠住，以至于我们都没有意识到自己在一些"小恐惧"上，也是极力抵抗，不愿意顺服上帝。正是这样在**日常**生活里缺少对上帝的顺服，给我们的信仰造成了极大破坏。

说到底，我最大的恐惧是害怕失去控制。我想让事情按着**我的意思**进行，想以我的方式让每一个人都快乐无忧。但顺服是要我们放弃控制，无私是它的固有特性。我们跟恐惧做斗争，不想顺服，因为这要求我们放手，将自己和最亲近的人都交托给上帝。如果你是个控制狂，那就更要迫切祷告了！

当你意识到，自己甚至在日常生活的事情上都不**想**顺服上帝，你会感到相当痛苦。如果你意识到之后，还不采取任何行动，那就会造成极大的危害。请你仔细省察自己的内心，你是否愿意顺服上帝的旨意，将自己的生活、婚姻和孩子都交托给他？因为，说真的，一个不相信上帝的"信徒"还算得上是信徒吗？一个不跟从基督的"基督徒"还算得上是基督徒吗？上帝呼召我们要凡事顺服，如果我们不能顺服——或不愿意顺服——再做什么都没有意义。但如果你能够（并愿意）顺服，那可就是一个再好不过的起点了。

小结：着眼未来

现在看来，我们的孩子将会遇到的困难不会比我们的小，他们将生活在一个对圣经的道德和上帝的主权更加敌对的世代。逼迫已经开始，身体上的迫害也随时都会发生，在整个美国，跟从耶稣将会变得更加困难，孩子们必须更强壮。我们这一辈做父母的，要注意培养孩子坚毅的品格，而不只是关心他们是不是舒适、富有、健康，甚至也不能只关心他们爱不爱我们。

《雅各书》1章告诉我们，试炼能使我们变得更强壮，也是我们学习忍耐的必由之路。有些人可能觉得我这话有点无情，但是我（陈恩藩）真的为孩子们祷告，求上帝让他们经受一些试炼。既然试炼能使人变得强壮，难道我们不想去经受一些试炼吗？

舒适的环境培养不出强壮的孩子。我希望我的孩子强壮，因为我见过软弱的人在面对压力时是怎样退缩的。我认为未来会更艰难，我想让我的孩子能坚持到底，想让他们还在我的看护之下的时候就经受一些试炼，好叫我能够帮助他们一起度过。我想培养出强壮的孩子。

我还想培养出这样的孩子：他们能够把上帝和他的使命作为生活的中心。现在很多子女教育所关注的都是怎样加强孩子的营养、怎样照顾他们、怎样支持他们、怎样帮助他们等等。这固然很好，但我们要注意方式和方法，不要什么都围着孩子转，好像他们成了我们的中心，更不要让他们觉得自己是宇宙的中心。

对孩子真正有益的事情，是教会他们如何在这个现实的世界里活得好。而最真实的现实就是——上帝告诉我们：万有都是本于他，倚靠他，归于他（罗 11:36）。上帝是宇宙的中心，他造这个世界是要彰显他的荣耀。我们对孩子撒谎对他们毫无益处，这个宇宙不是他们的，而是上帝的。

这个宇宙同样也不是我们这些做父母的，我们对子女的教育，必须立足于上帝的救恩基础之上。作为父母，我们所做的一切都必须以上帝为焦点，专注于他的荣耀和他的使命。耶稣给教会的使命非常明确："你们要去，使万民作我的门徒。"（太 28:19）当然，这个命令要比教育子女宽泛得多，但是教育子女也应当包含在其中。上帝把儿女托付给你，所以，你要使他们作耶稣的门徒，并让他们往世界各地去带领门徒。这个使命非常重要，我们不能够因为自己的恐惧、缺乏安全感或是向往舒适的生活，就浪费了我们的生命。

行动建议

如果你现在已经做了父母，你自然会用实际行动来回应这章的内容，你在教育子女方面所做的决定，能够很快地反映出你是否在追求上帝和他的使命。我们还是应该好好思考一下，并使用下面的建议来评估一下你教育子女的方法究竟如何。

跟配偶交谈

★ 在前几章里，我们一直在评估自己跟配偶的关系。现在，请花几分钟时间，跟配偶诚恳地谈谈你们教育子女的情况。（如果你还没有孩子，你可以选择几个问题谈谈，看看你们将来会怎么做）

★ 你认为子女教育的最高目标是什么？

★ 你认为自己在教养子女方面最大的缺点是什么？

★ 你认为孩子可以把自己当作宇宙的中心吗？为什么？

★ 有哪些实用的方法，可以让你帮助他们更清楚地看到上帝和他的真理？

★ 你们需要在哪些方面做出改变，以改善你们的关系，并让你的孩子能从你们身上更好地看到上帝的形象和他的旨意？

跟孩子交谈

★ 如果你的孩子足够大了，你们可以坐下来，谈谈子女教育的问题。你可以根据实际情况，边交谈，边教育。

★ 让你的孩子诚实地跟你说说他们跟上帝的关系怎样。你一定要给他们自由，让他们说说心里话，他们很可能会只拣你想听的说。跟他们说说你在他们这个年纪的时候，在信仰方面遇到的挣扎，这有助于他们对你说出他们自已的怀疑和挣扎。你要尽可能让他们打开心扉，跟你说实话。

★ 问问孩子，你能为他们的哪些方面代祷，好叫他们能活出圣洁的生命，甚至能在学校里影响其他人。你可以为他们的朋友祷告，并在以后向他们询问情况，看看上帝是否回答了这些祷告。

★ 了解他们有什么样的梦想，问一问他们十年后的理想生活是什么样。

★ 跟配偶聊一聊你跟孩子交谈的情况，看看在教育子女，以及你们彼此的关系上，有哪些地方需要改变？

第七章　极速前进

结论

　　你看过真人秀节目《极速前进》吗？参赛选手两人一组，根据线索提示完成各项任务，环游世界进行竞速比赛。比赛一路上设有多个检查站点，速度慢的选手将被淘汰，第一对走完整个旅程的选手将获得大奖。这个节目我看过几次，看到有些选手吵吵闹闹，浪费了宝贵的时间，最终输了比赛的样子，实在令人忍俊不禁；而另一些选手相互鼓励、取长补短、同舟共济，最终到达终点的情景，也让人为之一振（当然，背景音乐的效果也功不可没）。

　　在最近的一次夫妻退休会上，丽莎说她觉得我们的婚姻就像一部加长版的《极速前进》节目。我们不争吵，因为我们没有时间争吵，都在忙着向终点冲刺。即使在我们得胜的时候，也只是匆匆庆祝一下而已，因为时间在分分秒秒地过去，彼此击个掌，鼓励一下，就奔向了下一个检查点。我们也许偶尔休息一下，喘口气，但马上又会回到赛场上。跟保罗一样（林前 9:24-27），我们也把在地上的生活看作是一场比赛。

一位马拉松运动员曾经告诉我，下半场应该比上半场跑得更快，一旦看见了终点，就要拼命加速。他们要用尽最后一点力气冲向终点，因为他们知道，到达终点后就可以休息了。

我希望自己的生命能像那个样子，我希望自己后半生比前半生更强壮。而在美国，人们的做法却恰恰相反——在 18-25 岁之间，你可以为基督做些疯狂的事；结婚之后，就要慢下来了；有了孩子之后，你的服侍就要慢得像爬一样了——你得考虑你的家庭了。像这样，你早晚会忘记你还在赛场上，而只顾忙着建造房子安稳下来了。

但是情况不必如此，我们可以越跑越快。在晚年，我们可以向着目标冲刺，知道我们就要在耶稣的怀抱里得着安息。

向长者学习

约书亚和迦勒就是很好的榜样。他们年轻时，只是两个对上帝满怀信心的探子。在《约书亚记》14 章，迦勒年老的时候说起了这段往事（非常值得好好一读）。他说，当初所有的人都怀疑，只有他和约书亚对上帝笃信不疑。结果，上帝宣布只有约书亚和迦勒能够进入应许之地，其他人都死在了沙漠里。这段故事里最鼓舞人心的地方是最后那一段：

自从耶和华对摩西说这话的时候，耶和华照他所应许的，使我存活这四十五年，其间以色列人在旷野行走。看哪！现今我八十五岁了，我还是强壮，像摩西打发我去的那天一样。无论是争战、是出入，我的力量那时如何，现在还是如何。求你将耶和华那日应许我的这山地给我，那里有亚衲族人，并宽大坚固的城，你也曾听见了。或者耶和华照他所应许的与我同在，我就把他们赶出去。（书 14:10-12）

迦勒在八十五岁的时候依然勇敢。五六十岁还能凭着信心而活的人已不多见，更别说八十多岁的人了。我跟美国年轻人交谈时发现，他们渴望能够被那些凭信心而活的长者带领，但是一个都找不到。有些长者很喜乐友好，可是却不再凭信心而活了。他们的生活不过是休假和照看儿孙罢了，有些人还在攫取更多财富，希望能尽用其在地上的年月。

这些人跟迦勒正相反。迦勒在八十五岁、人生就要走到尽头之时，依然奋力向着终点飞奔。他一生经历了上帝的信实，年纪越大，人越勇敢。

还有约书亚，在临终时说了这样一段话：

> 我现在要走世人必走的路。你们是一心一意地知道，耶和华你们神所应许赐福与你们的话没有一句落空，都应验在你们身上了。（书23:14）

我希望在临终时也能说出这样的话，你们呢？你们难道不希望看着你们所爱的人，告诉他们上帝在你这一生中是多么信实吗？你们难道不希望勉励他们效法你的榜样，对那位如此信实守约的上帝一生忠心吗？

约书亚和迦勒开始得好，结束得也好。他们对上帝忠心到底，进入了应许之地。圣经里并没有说约书亚和迦勒两个人的关系怎么样，但是我想，他们两人的关系一定很深厚。他们是当时仅有的两个相信神的人，而且始终相信，从未动摇。当时世上再没有谁能够像他们那样经历了上帝的美善。在晚年的时候，他们向下一代讲述了上帝的信实。

如果上帝能让丽莎和我活到那么大年纪，我祈祷我们也能有那样的同工之情。我祈祷，我们能够回顾一生与主同行的历程，告诉下一代要效法我们的榜样。

不是每个人都能够善始善终——只有很少人能做到这一点。我的一个朋友最近离开妻子跟另一个女人跑了，这让我想不通。他已经快七十岁了，而且服侍主也有四十多年了。谁能相信会发生这样的事呢？你离终点已经那么近了，却决定停下来，朝相反的方向跑？撒但现在猖獗得很，要小心他的阴谋诡计。我曾经见过老年人在暮年时做出了愚蠢的决定。各位尊敬的老年朋友们，千万别犯傻，要拿出你们全部的力量，加速冲向终点。

有些事值得你去等待

我总是等不及要去天堂。

这是我的一个最大的问题，有些时候，我就是不想再等了，我现在就想要舒适、财富、奖赏。

我们这一代是历史上最没有耐心的一代人了。我们太习惯立即得到自己想要的东西，以至于有时候等个几十秒都会让我们生气。这真是个问题。因为上帝呼召我们要好好等候，基督徒应当殷勤等候主（太 25 章）;《希伯来书》告诉我们，基督会再来，拯救那些"等候他的人"（来9:28）。但是在现实中，我们太不善于等候了。

我们搞不懂以色列人为什么等不及摩西下山，觉得他们真是好笑，太没有耐心了，那么急着弄出一个金牛犊来崇拜（出 32），多么愚蠢又昂贵的错误。可是我们很多人却在做着同样的事情！我们等不及基督再来，于是我们拿出自己的财富，营造了一个假的天堂，我们拼命把自己的家放在一个安全的社区里，心里想要什么，就尽量去满足自己。我们极力想在地上建造一个自己的天堂。

许多人选择做基督徒，因为他们认为那样会使生活变得容易些；但是耶稣警告我们，做基督徒其实会使生活变得更加艰难（路 14:25-35）。保罗也说过同样的话："不但如此，凡立志在基督耶稣里敬虔度日的，也都要受逼迫。"（提后 3:12）上帝呼召我们，远不只是让我们养几个好孩子或是去教会做礼拜。我们是在赛场上、战场上，那些决志信主的人，注定一生要经受苦难。解决办法不是躲避试炼，而是要在试炼中坚持到底。

但是这些苦难也可以叫我们受益。它可以提醒我们：这至暂至轻的苦楚，要为我们成就极重无比永远的荣耀（林后 4:17）。今生的苦楚让我们记得，来生会得到奖赏。每一次受苦，我们都可以赞美上帝，因为他应许给我们一个美好的未来。让我们暂且同其他一切受造物共同等候吧。

冲向终点

人生短暂，无论你身在何处，都要思考一下，你一生想要有怎样的结局。我们在回过头来看的时候，才能把事情看得更清楚。所以，请你想象着站在上帝面前回顾一生，然后思想：什么样的人生最完美呢？

对我而言，我希望自己的一生忠于上帝，为他的国度做出牺牲，我希望我的信心和勇气每一年都在增长。为了上帝的缘故而忍受苦难和厌弃是再好也没有了。我绝不希望站在他面前时，发现自己一生懦弱；我希望自己能像从战场上走下来的战士，一身伤痕——正如耶稣。

请认真考虑一下，你想要怎样走到上帝的宝座前。你现在的生活轨迹正确吗？还是你需要做出改变？不要因为过去浪费了太多时间而不知所措，也不要活在过去的错误里。往前走吧，眼睛望向终点。

对于丽莎和我来说，写这本书就是迈出了顺服的一步。我们希望能让夫妻们对生活的态度有所改变，希望这本书能让尽可能多的人看到。

我不知道上帝希望你下一步做什么。你和配偶要多花些时间祷告，求上帝引领你们到他想让你们去的任何地方。如果你还是不知道该往哪儿去，就在你现在所在的地方做些什么吧。

在《使徒行传》1章8节里，耶稣告诉他的跟从者，圣灵将会赐给他们力量，他们将"在耶路撒冷、犹太全地和撒马利亚，直到地极"为耶稣作见证。当然，上帝使用早期的门徒做了很多奇特的事，但是他的计划开始于那些门徒的家乡——耶路撒冷，这显然有其重要的意义。这对你来说可能并不容易，不过你可以考虑一下，两人一起在你们的小区里走走，为所经过的每一所房子祷告。满怀信心地祷告，其成果会让你吃惊。求上帝赐给你传福音的机会，并且要抓住这些机会。

时间过得很快，而且越过越快，所以不要再迟疑了。如果我们以时速来计算我们的年龄：七岁时，我们感觉生命前进的速度是每小时只有七英里，感觉八岁那么遥远；到了二三十岁，一年一年开始越来越快了；等到五六十岁时，都不知道今夕是何年了；并且，从此就一直是在快车道上行驶了。你现在就应该放下这本书去奔跑了，就好像我们玩的热土豆游戏，你应当尽可能散掉你的财产，把一切都投在上帝的国度里。你的生命随时都会结束，你会为自己紧握着那些根本握不住的东西而后悔。

结束语

我们通常会把最强音留在最后，好叫读者能留下深刻印象。我们相信，我们的最强音就是祷告。下面的祷告是为了我们的婚姻，也是为了你们的婚姻。我们非常鼓励你们能一起祷告：

上帝，帮助我们爱你更深，并大大地敬

畏你；

　　教导我们为了你的缘故而彼此相爱。

　　愿我们能以基督的谦卑对待彼此，

　　向我们显明如何享受彼此，又不忽视你的使命；

　　时刻提醒我们：生命短暂，让我们能够迫切地分享你的福音；

　　时刻提醒我们：我们的家在天上，让我们能够喜乐地面对挑战和试炼。

　　当我们停留得太久，激励我们继续向前奔跑；

　　当我们想要争吵时，教导我们要一起争战，为你而战。

　　当我们偏离了你的正道时，让我们悔改、更新。

　　愿我们在婚姻中彼此提醒：

　　时常思念你的荣耀和能力、你的福音和使命、你的爱和你对未来的应许。

　　阿门！

译后记

  这不是一本普通的婚姻书籍。它不只是告诉你婚姻幸福的秘密，甚至应该说，讲述一般人眼里的"幸福婚姻"根本不是作者追求的目标。这本书可以让你有所领悟，明白夫妻相处之道，领略营造家庭和睦的智慧；但这是本书的次要作用，作者想要给你的比这丰盛得多呢。

  译完这本书，我脑子里经常会闪现四个字：来日方长。可不是嘛，跟将来的永永远远比起来，今生只不过是短暂的客旅：人生一世，草木一秋。这一生就好像轻烟薄雾，在我们还没有回过神儿的时候，就已经消散了，哪里还能再找得回来呢？

  那么，今生的意义在哪里？我们又当如何度过呢？特别是对于已经结了婚的朋友，怎样能让婚姻和人生过得更充实、结出更丰硕的果实呢？如果你也有这样的疑问，请来读读这本书吧。它或许正可以解开你心里的疑惑，让你找到或重拾生命的源头。

  说起"来日方长"，不知为什么，它让我想起了从前家门前的那段陡坡，夏日傍晚的时候，我们一群孩子在那里玩耍，夕阳透过云霞，金灿灿地照耀着大地。晚饭的香气从家家户户的窗子里飘散出来，不一会儿，妈妈呼唤孩子回家吃饭的声音就此起彼伏地响起来了。

亲爱的朋友们，我们也有一个家——永远的天家。在那里，我们慈爱的天父正在声声呼唤，等你归家呢。

谭臻